AF596693

ISBN: 9783911386227

Imprint: Independently Published

Edited by **Giovanni Calandro**

Italian Sentence Builders

TRILOGY

PART I

A Lexicogrammar approach

Answers & transcripts

This is the answer & transcripts booklet for
"Italian Sentence Builders – TRILOGY – Part I
– A Lexicogrammar approach"

SENTENCE BUILDERS TRILOGY

PART I - TABLE OF CONTENTS

TERM 1

Unit 0. EPI Register Routine

TRANSCRIPTS

1. Break the flow: draw a line between each word

a. Come ti chiami? b. Ciao mi chiamo Paola. c. Come stai oggi? d. Buongiorno, oggi sto benissimo. e. Oggi sono abbastanza stanca. f. Sono un po' arrabbiata. g. Sono molto felice.

2. Faulty echo

a. **Come** ti chiami? b. Mi **chiamo** Carlo. c. Buongiorno, come **stai**? d. Buonasera, sto **malissimo.** e. Sono molto **tranquillo.** f. Oggi sto benissimo, **grazie.** g. **Oggi** sto male.

3. Arrange in the correct order

Buongiorno, come ti chiami? Mi chiamo Carlo. Oggi sto benissimo perché sono molto felice e abbastanza tranquillo. E tu, come stai oggi?

4. Fill in the blanks

a. Come ti chiami? b. Come stai oggi? c. Buongiorno. d. Buona notte.
e. Buon pomeriggio. f. Oggi sto molto bene. g. Oggi sto male. h. Sono molto felice.

5. Listen and fill in the gaps

Francesco: Ciao, come ti **chiami**?
Lucia: **Ciao**, mi chiamo Lucia.
Francesco: Piacere Lucia. Come stai **oggi**?
Lucia: Oggi sto **benissimo** perche sono molto **felice**. E tu?
Francesco: Fantastico! Io sto **bene** perché sono abbastanza **tranquillo**, grazie.
Lucia: Va bene Francesco, **piacere.**
Francesco: Piacere.

6. Listen and fill in the grid in Italian

e.g. Mi chiamo Luca e sto molto bene perché sono felice.
a. Mi chiamo Marco e non sto bene perché sono un po' stanco.
b. Mi chiamo Antonio. Oggi sto benissimo perché sono molto felice.
c. Mi chiamo Paola e oggi sto male perché sono arrabbiata.
d. Mi chiamo Dylan e oggi sto male perche sono un po' triste.
e. Mi chiamo Stefano e oggi sto bene, ma sono un po' stressato.

ANSWERS

Unit 0. EPI Register Routine: LISTENING

1. Break the flow: draw a line between each word

a. Come ti chiami? b. Ciao mi chiamo Paola. c. Come stai oggi? d. Buongiorno oggi sto benissimo. e. Oggi sono abbastanza stanca. f. Sono un po' arrabbiata. g. Sono molto felice.

2. Faulty echo

a. **Come** ti chiami?
b. Mi **chiamo** Carlo
c. Buongiorno, come **stai**?
d. Buonasera, sto **malissimo.**
e. Sono molto **tranquillo.**
f. Oggi sto benissimo, **grazie.**
g. **Oggi** sto male.

3. Arrange in the correct order

Good morning. What is your name? My name is Carlo. Today I feel great because I am very happy and quite calm. And you? How are you today?

4. Fill in the blanks

a. C**ome ti chiami**? b. C**ome stai oggi**? c. B**uongiorno.** d. B**uona** n**otte.** e. B**uon** p**omeriggio.** f. O**ggi sto** m**olto** b**ene.** g. O**ggi sto** m**ale.** h. S**ono** m**olto** f**elice.**

5. Listen and fill in the gaps

Francesco: Ciao, come ti **chiami**?
Lucia: **Ciao**, mi chiamo Lucia.
Francesco: Piacere Lucia. Come stai **oggi**?
Lucia: Oggi sto **benissimo** perche sono molto **felice**. E tu?
Francesco: Fantastico! Io sto **bene** perché sono abbastanza **tranquillo**, grazie.
Lucia: Va bene Francesco, **piacere.**
Francesco: Piacere.

6. Listen and fill in the grid in Italian

e.g. Mi chiamo **Luca** e sto **molto bene** perché sono **felice.**
a. Mi chiamo **Marco** e non sto **bene** perché sono **un po' stanco.**
b. Mi chiamo **Antonio**. Oggi sto **benissimo** perché sono **molto felice.**
c. Mi chiamo **Paola** e oggi sto **male** perché sono **arrabbiata**.
d. Mi chiamo **Dylan** e oggi sto **male** perche sono un po' **triste.**
e. Mi chiamo **Stefano** e oggi sto **bene**, ma sono un **po' stressato**.

Unit 0. EPI Register Routine: VOCABULARY BUILDING

1. Match

sto bene – I am well **sto male** – I am (feeling) bad **sto così-così** – I am so-so
sto malissimo – I am (feeling) awful **sto benissimo** – I am great **sono stanco** – I am tired
sono felice – I am happy **sono stressato** – I am stressed **sono triste** – I am sad

2. Faulty translation

a. sono felice: I am **happy** b. sono stanco: I am **tired** c. sto bene: I am well – Correct
d. sono stressato: I am **stressed** e. sono triste: I am **sad** f. sto male: I am (feeling) bad – Correct
g. sto così-così: I am so-so – Correct h. sto malissimo: I am (feeling) awful – Correct i. sggi: **today**
j. buon pomeriggio: good afternoon – Correct

3. Break the Flow

a. Sto bene perché sono felice. b. Sto male perché sono nervosa. c. Sto molto bene perché sono tranquilla.
d. Sto molto male perché sono stressata. e. Sto male perché sono triste. f. Sto male perché sono arrabbiata.
g. Sto così-così ma sono stanca.

4. Fill in the gaps

a. **Ciao**, come ti **chiami**? b. Mi **chiamo** Francesco, **piacere.** c. **Piacere**, come stai **oggi**?
d. **Sto** bene grazie, e **tu**? e. Sto bene **grazie.** f. ...però **sono** un po' **stanco.**

5. Broken words

a. C**iao** c**ome** t**i** c**hiam**i? b. M**i** c**hiamo** Lily, p**iacere**! c. C**ome** s**tai** o**ggi**?
d. O**ggi** s**to** a**bbastanza** b**ene**, g**razie.** e. S**to** così-**così** perché s**ono** u**n** p**o'** s**tressata.**

6. Complete with a suitable word

a. **Ciao**, mi chiamo **Dylan.** b. E tu come ti **chiami**? c. **Mi** chiamo Francesco. **Piacere.**
d. **Piacere**! **Come** stai oggi? e. **Sto** abbastanza bene, **grazie.** f. E **tu**? Come stai **oggi**?
g. Oggi sto male perché sono molto **stanco / stressato.** h. Sto **bene / benissimo** perché sono felice.
i. Sto molto bene **perché** sono tranquillo.

Unit 0. EPI Register Routine: READING

1. Find the Italian for the following items in the Olga and Maria's dialogue

a. ciao, buongiorno. b come ti chiami? c. mi chiamo maria. d. come stai oggi?
e. sto benissimo, grazie. f. sto così-così. g. perché? h. cosa c'è? i. sono molto stanca.
j. ...e un po' stressata. k. sei molto gentile, grazie. l. mi dispiace. m. va bene. n. piacere. o. piacere mio.
p. arrivederci.

2. Answer the following questions about Olga and Maria

a. She is feeling great. b. She is happy and excited. c. Olga is so-so. d. She is very tired and a bit stressed.

3. Find someone who...

a. Olga b. Giacomo c. Enzo d. Giacomo e. Maria f. Olga g. Enzo h. Maria

Unit 0. EPI Register Routine: WRITING

1. Faulty translation: spot and correct (in the English) any translation mistakes you find below

a. mi chiamo Dylan. – ***my*** *name is Dylan.*
b. come ti chiami? – *what* ***is*** *your* ***name****?*
c. come stai oggi? – ***how*** *are you today?*
d. sto cosi-cosi. – *I am* ***so-so.***
e. sono molto felice. – *I am* ***very*** *happy.*
f. sono un po' stressato. – *I am* ***a bit*** *stressed.*
g. sto molto male. – *I am (feeling) very* ***bad.***
h. sto benissimo.. – *I am (feeling)* ***great.***
i. sono abbastanza stanco. – *I am quite* ***tired.***
j. piacere – ***nice to meet you.***

2. Translate into English

a. hi, what's your name? b. how are you today? c. my name is Pietro. d. I'm quite well, thanks. e. and you?
f. I'm very well. g. today I'm very calm. h. today I'm unwell. i. I'm very happy. j. I'm sad and angry.

3. Anagram challenge: unscramble the words and then translate

a. buongiorno: good morning b. buon pomeriggio: good afternoon. c. come stai?: how are you?
d. sono triste: I am sad e. sono felice: I am happy f. come ti chiami?: what is your name?
g. sono stanca: I am tired h. sto benissimo: I am (feeling) great i. sono molto arrabbiato: I am very angry
j. piacere: nice to meet you

4. Translate into Italian

a. ciao b. buongiorno c. buon pomeriggio d. come stai oggi? e. come ti chiami?
f. sto molto bene, grazie. e tu? g. sto così-così, perché sono un po' triste h. sono molto felice e tranquillo
i. sono arrabbiato e nervoso j. sono un po' stanco

UNIT 1. Talking about my age

TRANSCRIPTS

1. Fill in the blanks

a. Mi chiamo Christian. b. Ho quindici anni. c. Ho due fratelli. d. Mio fratello minore si chiama Roberto.
e. Mio fratello maggiore si chiama Gianfranco. f. Come ti chiami? g. Quanti anni hai?

2. Break the flow (draw a line between each word)

a. Mi chiamo Antonio.
b. Ho quindici anni.
c. Mio fratello si chiama Gabriele.
d. Mia sorella si chiama Anna.
e. Quanti anni hai?
f. Mio fratello si chiama Filippo.
g. Come ti chiami?

3. Arrange in the correct order

Mi chiamo Stefano. Ho tredici anni. Ho un fratello e una sorella. Mio fratello si chiama Mario. Mia sorella si chiama Anna. Mario ha quattordici anni. Anna ha quindici anni.

4. Spot the differences and correct your text

a. **Mi** chiamo Anna. b. Ho **dodici** anni. c. Ho due **fratelli.** d. Mio fratello maggiore si chiama **Antonio.**
e. Mio fratello **minore** si chiama Roberto. f. Francesco ha **quindici** anni. g. Roberto ha **nove** anni.
h. Quanti anni **hai?**

5. Complete with the missing letters

a. Mi chiam**O** Paolo. b. Sono italian**O.** c. Ho quindi**CI** anni.
d. Non ho fratell**I.** e. ...ma ho un**A** sorella. f. Mia sorella si chiam**A** Anna.
g. Anna h**A** dodici a**NN**i. h. E tu, come t**I** chiam**i**? i. Quanti anni ha**I**?

6. Spot the missing words and write them in

a. **(Ciao)** mi chiamo Paolo. b. **(Io)** sono italiano. c. Ho tredici **(anni).**
d. Ho un fratello **(e)** una sorella. e. Mio fratello **(si)** chiama Roberto. f. **(Mia)** sorella si chiama Isabella.
g. Roberto **(ha)** quattordici anni.

7. Listen, spot and correct the errors

a. Ho quattordici ann**I.** b. Mi chiam**O** Carlo. c. Mio fratello si chiam**A** Paolo.
d. Ho due fratell**I.** e. Ho **UN** fratello e una sorella. f. Quant**I** anni hai?

8. Listen and fill in the grid

a. Mi chiamo Maria e ho dodici anni. Ho due fratelli ma non ho una sorella.
b. Mi chiamo Giacomo e ho quattordici anni. Ho quattro fratelli e una sorella.
c. Mi chiamo Anna e ho undici anni. Sono figlia unica – non ho fratelli.
d. Mi chiamo Dylan e ho sedici anni. Ho due fratelli e due sorelle.
e. Mi chiamo Alice e ho quindici anni. Ho tre sorelle.
f. Mi chiamo Franco e ho diciotto anni. Ho un fratello e una sorella.

9. Faulty translation: spot the translation errors and correct them

a. Mi chiamo Andrea.
b. Sono italiana.
c. Ho tre sorelle.
d. Mia sorella minore si chiama Alice.
e. Mia sorella maggiore si chiama Lucia.
f. Alice ha undici anni.
g. Lucia ha tredici anni.
h. Io ho dodici anni.

10. Translate the sentences you hear into English

a. Mi chiamo Roberto. **b.** Ho quattordici anni. **c.** Ho un fratello maggiore e un fratello minore. **d.** Mio fratello si chiama Emilio. **e.** Mio fratello maggiore si chiama Enrico. **f.** Emilio ha dodici anni. **g.** Enrico ha quindici anni. **h.** tu come ti chiami? **i.** Quanti anni hai?

11. Narrow listening: gap-fill

Mi chiamo **Antonio**. Sono di Bari, in **Italia**. Nella mia famiglia ci sono quattro persone: **mia** madre, mio padre e i miei **due** fratelli. Mio fratello **minore** si chiama Michele e mio fratello **maggiore** si chiama Franco. Michele ha **sei** anni e mio fratello Franco ha **quindici** anni. E tu, come ti **chiami**? **Quanti** anni hai?

12. Narrow listening: gapped translation

a. Mi chiamo **Silvia**. Vivo a **Milano,** in Italia. Nella mia famiglia ci sono **cinque** persone: mia madre, mio padre, mio fratello **minore**, mio fratello **maggiore** ed io.
b. Mio fratello **maggiore** si chiama **Stefano**. Ha **quattordici** anni.
c. Mio fratello **minore** si chiama Angelo. Ha **sette** anni. E tu, **come ti chiami? Quanti anni hai? Quanti fratelli hai?**

ANSWERS

Unit 1. Talking about my age: LISTENING

1. Fill in the blanks

a. Mi **chiamo** Christian. b. Ho **quindici** anni. c. Ho **due** fratelli . d. **Mio** fratello minore si **chiama** Roberto. e. Mio **fratello** maggiore **si** chiama Gianfranco. f. Come **ti** chiami? g. Quanti **anni** hai?

2. Break the flow: draw a line between each word

a. Mi chiamo Antonio. e. Quanti anni hai? b. Ho quindici anni. f. Mio fratello si chiama Filippo. c. Mio fratello si chiama Gabriele. d. Mia sorella si chiama Anna. g. Come ti chiami?

3. Arrange in the correct order

1. My name is Stefano. 2. I am thirteen years old. 3. I have a brother and a sister. 4. My brother is called Mario. 5. My sister is called Anna. 6. Mario is fourteen years old. 7. Anna is fifteen years old.

4. Spot the differences and correct the text

a. **Mi** chiamo Anna. b. Ho **dodici** anni. c. Ho due **fratelli.** d. Mio fratello maggiore si chiama **Antonio.** e. Mio fratello **minore** si chiama Roberto. f. Francesco ha **quindici** anni. g. Roberto ha **nove** anni. h. Quanti anni **hai?**

5. Complete with the missing letters

a. Mi chiam**O** Paolo.
b. Sono italian**O.**
c. Ho quindi**CI** anni.
d. Non ho fratell**I.**
e. ...ma ho un**A** sorella.
f. Mia sorella si chiam**A** Anna.
g. Anna h**A** dodici a**NN**i.
h. E tu, come ti chiam**I**?
i. Quanti anni ha**I**?

6. Spot the missing words and write them in

a. **(Ciao)** mi chiamo Paolo. b. **(Io)** sono italiano. c. Ho tredici **(anni).** d. Ho un fratello **(e)** una sorella. e. Mio fratello **(si)** chiama Roberto. f. **(Mia)** sorella si chiama Isabella. g. Roberto **(ha)** quattordici anni.

7. Listen, spot and correct the errors

a. Ho quattordici ann**I**.. b. Mi chiam**O** Carlo c. Mio fratello si chiam**A** Paolo.
d. Ho due fratell**I.** e. Ho **UN** fratello e una sorella. f. Quant**I** anni hai?

8. Listen and fill in the grid

Maria	Age: 12	Brothers: 2	Sisters: 0
Giacomo	Age: 14	Brothers: 4	Sisters: 1
Anna	Age: 11	Brothers: 0	Sisters: 0
Dylan	Age: 16	Brothers: 2	Sisters: 2
Alice	Age: 15	Brothers: 0	Sisters: 3
Franco	Age: 18	Brothers: 1	Sisters: 1

9. Faulty translation: spot the translation errors and correct them

a. My name is Andrea. b. I am Italian. c. I have three sisters. d. My younger sister is called Alice. e. My older sister is called Lucia. f. Alice is eleven. g. Lucia is thirteen. h. I am twelve.

10. Translate the sentences you hear into English

a. My name is Roberto.
b. I am fourteen.
c. I have an older brother and a younger brother.
d. My brother is called Emilio.
e. My older brother is called Enrico.
f. Emilio is twelve.
g. Enrico is fifteen.
h. And you, what is your name?
i. How old are you?

11. Narrow listening: gap-fill

Mi chiamo **Antonio**. Sono di Bari, in **Italia**. Nella mia famiglia ci sono quattro persone: **mia** madre, mio padre e i miei **due** fratelli. Mio fratello **minore** si chiama Michele e mio fratello **maggiore** si chiama Franco. Michele ha **sei** anni e mio fratello Franco ha **quindici** anni. E tu, come ti **chiami**? **Quanti** anni hai?

12. Narrow listening: gapped translation

a. My name is **Silvia.** I live in **Milano** in Italy. In my family there are **five** people: my mother, my father, my **younger** brother, my **older** brother and I.

b. My **older** brother is called **Stefano**. He is **fourteen** years old.

c. My **younger** brother is called Angelo. He is **seven** years old. How about you, what **is your name**? How **old are you**? How **many brothers do you have**?

Unit 1. Talking about my age: VOCABULARY BUILDING

1. Match up

1. **un anno** - one year 2. **due anni** - two years 3. **tre anni** - three years 4. **quattro anni** - four years
5. **cinque anni** - five years 6. **sei anni** - six years 7. **sette anni** - seven years 8. **otto anni** - eight years
9. **nove anni** - nine years 10. **dieci anni** - ten years 11. **undici anni** - eleven years
12. **dodici anni** - twelve years

2. Complete with the missing word

a. Ho **dodici** anni. b. Mio fratello **si** chiama Sal. c. Mi **chiamo** Roberto.
d. Mio fratello **ha** due anni. e. Mia sorella ha **quattro** anni. f. **Mi** chiamo Anna.

3. Translate into English

a. I am three years old b. I am five years old c. I am eleven years old
d. he/she is fifteen years old e. he/she is thirteen years old f. he/she is seven years old
g. my brother h. my sister i. his/her name is

4. Broken words

a. h**o** b. mi chia**mo** c. mia sor**ella** d. quin**dici** e. sed**ici** f. und**ici** g. no**ve** h. quatto**rdici** i. do**dici**

5. Rank the people below from oldest to youngest

1 2 7 5 8 4 3 6

6. For each pair of people write who is the oldest, as shown in the example

1. B 2. B 3. B 4. A 5. A 6. B 7. A

Unit 1. Talking about my age: READING

1. Find the Italian for the following items in Leo's text

a. ho un fratello b. mi chiamo c. sto molto bene. d. sono felice e. che si chiama Stefano f. ho dodici anni
e. ha quattordici anni

2. Answer the following questions about Dita

a. Flutura. b. She is ten (lei ha dieci anni). c. Two (due). d. Bledar. e. Nine years old (nove anni).

3. Complete the table below

Tian: thirteen, one, fifteen **Leo**: twelve, one, fourteen **Dita**: ten, two, five and nine

4. Moritz, Kaori or Marine?

a. Moritz b.Marine c. Fabienne d. Moritz e. Marine

Unit 1. Talking about my age: TRANSLATION

1. Faulty translation: spot and correct (in the English) any translation mistakes you find below

a. ~~her name~~ **my name** is Patrizia. b. I have two ~~brothers~~ **sisters.** c. my ~~mother~~ **sister** is called Marta.
d. my ~~sister~~ **brother** is 5. e. I am ~~five~~ **fifteen.** f. my brother is ~~seven~~ **eight.** g. I don't have ~~a sister~~ **brothers.**
h. I am ~~17~~ **eighteen.** i. I am ~~13~~ **twelve.** j. my name is Gianni. OK

2. From Italian to English

a. my brother is called Dario b. I am fifteen c. my brother is six d. my sister is called Marina e. I am seven
f. I am well g. My sister is fourteen h. I have a brother and a sister g. Marta is twelve h. Annamaria is nine

3. English to Italian translation

a. Ciao, mi chiamo Guido. Ho sei anni. b. Mio fratello ha quindici anni.
c. Ho dodici anni. Sono felice. d. Mia sorella si chiama Emanuela.
e. Mi chiamo Gianfranco. Sono felice. f. Ho un fratello e una sorella.
g. Mi chiamo Filippo e ho quattordici anni. h. Mi chiamo Gianfranco e ho undici anni.
i. Mi chiamo Rossana. Ho dieci anni. Ho un fratello ed una sorella.
j. Mia sorella si chiama Alberta. Ha dodici anni. k. Non ho un fratello. Sono triste.

Unit 1. Talking about my age: WRITING

1. Complete the words

a. Mi ch**iamo** Roberto. b. Ho quattor**dici anni.** c. H**o** un f**ratell**o. d.Mi**o** f**ratell**o si chi**ama** Giulio.
e. Mi **chia**mo Patrizio. f. Mio **fra**tello s**i chia**ma Marco. g. **Ho** tr**edi**ci anni. h. Mia so**rell**a si ch**iama** Katia.

2. Write out the number in Italian

N**ove**, s**ette**, d**odici**, c**inque**, q**uattordici**, s**edici**, t**redici**, q**uattro**

3. Spot and correct the mistakes

a. Mi c**h**iamo Paolo. b. Ho tredici ann**i.** c. Mio fratel**l**o ha cinq**u**e anni. d. Mio fratello **si** chiama Gianmaria.
e. M**i** chiamo Patrizio. f. Mi**a** sorel**l**a si chiama Alessandra.

4. Complete with a suitable word

a. Mia sorella si **chiama** Laura.
b. **Mio** fratello ha quindici anni.
c. Mi **chiamo** Mario.
d. Ho un **fratello** che si chiama Filippo.
e. ho una **sorella** che si chiama Annamaria.
f. Mio fratello **ha** quattordici anni .

5. Guided writing - write 4 short paragraphs in the first person singular ['I'] each describing the people below

a. Mi chiamo Johann e ho 12 anni, sto bene perché sono felice. Ho un fratello che si chiama Franz e ha nove anni, ho una sorella che si chiama Martha e ha otto anni.
b. Mi chiamo Flutura e ho quindici anni, mi sento molto bene perché sono emozionata. Ho un fratello che si chiama Bledar e ha tredici anni, ho una sorella che si chiama Luljeta e ha cinque anni.
c. Mi chiamo Michael e ho undici anni, mi sento male perché sono triste. Ho un fratello che si chiama Thomas e ha sette anni, ho una sorella che si chiama Gerda e ha dodici anni.
d. Mi chiamo Kyoko e ho dieci anni, sto molto male perché sono arrabbiata. Ho un fratello che si chiama Ken e ha sei anni, ho una sorella che si chiama Rena e ha un anno.

6. Describe this person in the third person:

Si chiama Giovanni e ha dodici anni, ha un fratello che si chiama Marco e ha tredici anni. Ha una sorella che si chiama Serena e ha quindici anni.

TERM 1 - BRINGING IT ALL TOGETHER - 1

1. Gianni o Maria?

a. Gianni b. Maria c. Maria d. Gianni e. Gianni f. Maria g. Maria h. Gianni

2. Complete with a suitable Word

a. Ciao, come ti **chiami**?
b. Di Dove **sei**?
c. Come **stai** oggi?
d. Ho una famiglia **grande / piccola.**
e. Ho un **fratello.**
f. Come si **chiama** tuo fratello?
g. Quanti **anni** ha tua sorella?
h. Mio **fratello** minore si chiama Gianni.
i. Mio fratello maggiore **si** chiama Carlo.
j. Mia sorella **ha** otto anni.
k. **Piacere**, Gianni.
l. Piacere **mio.**

3. Translate

a. Come ti chiami? b. Di dove sei? c. Come stai oggi? d. Ho una famiglia grande
e. Ho una sorella f. Come si chiama tuo fratello? g. Quanti anni ha tuo fratello?
h. Mia sorella ha dieci anni. i. Piacere. j. Piacere mio.

UNIT 2. Saying when my birthday is

TRANSCRIPTS

1. Fill in the blanks

a. Mi **chiamo** Rocco e il mio compleanno è il **quindici maggio**.
b. **Mi** chiamo Tommaso e il **mio** compleanno è il **due marzo**.
c. Mi chiamo **Anna** e il mio compleanno è il **trenta agosto**.
d. **Mi** chiamo Alex e il mio **compleanno** è il **sei settembre**.
e. **Mi chiamo** Paola e il mio compleanno **è** il **venti dicembre**.

2. Break the flow: draw a line between each word

a. Il mio compleanno è il tredici ottobre.
b. Il mio compleanno è il nove maggio.
c. Quand'è il tuo compleanno?
d. Il mio compleanno è l'uno agosto.
e. Il mio compleanno è il sedici maggio.
f. Quand'è il suo compleanno?
g. Mio fratello ha quattordici anni.
h. Il suo compleanno è il due gennaio.

3. Listen and spot the differences

a. **Mi chiamo** Giorgio. b. Non ho **sorelle**. c. Sono **figlio unico**. d. Sono di **Como**. e. ...ma vivo in **Svizzera**. f. Ho **quindici** anni. g. Il mio compleanno è il quattordici **luglio**. h. La mia **amica** Luisa ha tredici anni. i. Il suo compleanno è l' **otto** ottobre.

4. Listen, spot and correct the errors

a. Il mio compleanno è il venti giugno.
b. La mia amica si chiama Patrizia. Ha dieci anni e il suo compleanno è il quindici maggio.
c. Il compleanno della mia amica è il nove aprile.
d. Mia madre ha trentotto anni e il suo compleanno è il trenta novembre.
e. Il mio amico si chiama Roberto. Il suo compleanno è il quattordici ottobre.

5. Listen and choose the option that you hear

a. Ciao, mi chiamo **Andrea** e sono di Como. Ho 12 anni e il mio compleanno è il 3 giugno.
b. Ciao, mi chiamo **Franco** e sono di Caltanissetta. Ho 15 anni e il mio compleanno è il 17 luglio.
c. Ciao, mi chiamo **Nina** e sono di Lugano. Ho 9 anni e il mio compleanno è il 12 novembre.
d. Ciao, mi chiamo **Dylan** e sono di Palermo. Ho 19 anni e il mio compleanno è il 7 giugno.
e. Ciao, mi chiamo **Michele** e sono di Empoli. Ho 16 anni e il mio compleanno è il 20 settembre.
f. Ciao, mi chiamo **Marta** e sono di Milano. Ho 14 anni e il mio compleanno è il 14 dicembre.

6. Narrow listening: gap-fill

a. Ciao, mi chiamo Silvia e **sono** di Torino, Italia. Ho **quattordici** anni. Il mio compleanno è il **trenta** maggio. Ho due fratelli, Filippo e Gianluca.
b. Filippo **ha** quattordici anni e il suo compleanno è il ventuno marzo. Mio fratello Gianluca ha sedici anni e il **suo** compleanno è il **venti** giugno.
c. In **casa** abbiamo anche un criceto. Si **chiama** Giorgio e ha due anni. La mia migliore **amica** si chiama Chiara. Ha **quindici** anni. Il suo compleanno è il **dodici** gennaio.

7. Narrow listening: gapped translation

a. **Mi chiamo** Ariella. Ho **quattordici** anni. Sono di **Venezia**, in **Italia**. Il mio compleanno è il sedici **luglio**.
b. Ho un **fratello** che si chiama **Giacomo**. Ha **undici** anni. Il **suo** compleanno è il **tredici** dicembre.
c. La mia migliore amica si chiama **Anna**. ha **quindici** anni e il suo compleanno è il **dieci marzo**.
d. Mia **cugina** si chiama Anita. Ha **dodici** anni e il suo compleanno è l' **uno aprile**.
e. In casa abbiamo un animale domestico. È un **serpente**. **Si chiama** Mac e ha **tre** anni.

8. Listening slalom

a. Example: Mi chiamo Giovanni. Sono di Brindisi. Ho tredici anni e il mio compleanno è il sedici luglio. Ho una sorella. Il suo compleanno è il primo gennaio..
b. Mio fratello si chama Leo. Lui è di Savona. Ha quattordici anni. Il suo compleanno è il quindici marzo. Ha la ragazza. Il suo compleanno è il sette ottobre.
c. Mi chiamo Alessandro sono di Genova. Ho ventun'anni. Il mio compleanno è il trenta agosto. Ho un criceto. Il suo compleanno è il due settembre.
d. Mi chiamo Gabriella. Sono di Bologna. Ho sedici anni. Il mio compleanno è il 21 maggio. Ho il ragazzo. Il suo compleanno è il dodici marzo.
e. Mi chiamo Carlo. Sono di Vicenza. Ho nove anni. Il mio compleanno è il ventitre giugno. Ho una amica. Il suo compleanno è il trenta giugno.

9. Faulty translation: spot the translation errors and correct them

Mi chiamo Marco e sono **svizzero**. Ho **12** anni. I miei genitori si chiamano Alessio e Marina. Hanno **48** anni. Il compleanno di mia madre è il **31** marzo. Il compleanno di mio padre è il **14** agosto. Ho due **fratelli**, Raffaele e Ares. Raffaele ha 10 anni e Ares ha **11** anni. Il compleanno di Raffaele è l' 11 **giugno**. Il compleanno di Ares è il **21** aprile. In casa abbiamo un animale domestico, un **gatto**. Si chiama **Paco**, ha un anno. Ho la ragazza. Si chiama Petra. Ha **13** anni. Il suo compleanno è il 16 **novembre**.

ANSWERS

Unit 2. Saying when my birthday is: LISTENING

1. Fill in the blanks

a. Mi **chiamo** Rocco e il mio compleanno è **il** quindici **maggio**.
b. **Mi** chiamo Tommaso e il **mio** compleanno è il **due marzo**.
c. Mi chiamo **Anna** e il mio compleanno è il **trenta agosto**.
d. **Mi** chiamo Alex e il mio **compleanno** è il **sei settembre**.
e. **Mi chiamo** Paola e il mio compleanno **è** il **venti dicembre**.

2. Break the flow: draw a line between each word

a. Il mio compleanno è il tredici ottobre.
b. Il mio compleanno è il nove maggio.
c. Quand' è il tuo compleanno?
d. Il mio compleanno è l'uno agosto.
e. Il mio compleanno è il sedici maggio.
f. Quand' è il suo compleanno?
g. Mio fratello ha quattordici anni.
h. Il suo compleanno è il due gennaio.

3. Listen and spot the differences

a. **Mi chiamo** Giorgio. b. Non ho **sorelle**. c. Sono **figlio unico**. d. Sono di **Como**. e. ...ma vivo in **Svizzera**.
f. Ho **quindici** anni. g. Il mio compleanno è il quattordici **luglio**. h. La mia **amica** Luisa ha tredici anni.
i. Il suo compleanno è l' **otto** ottobre.

4. Listen, spot and correct the errors

a. Il mio compleanno **è** il venti giugno.
b. La mia amica si chiama Patrizia. **Ha** dieci anni e il suo compleanno è il quindici maggio.
c. Il compleanno della mia amica è ~~**in**~~ **il** nove aprile.
d. Mia madre **ha** trentotto anni e il suo compleanno è il **tr~~i~~enta** novembre.
e. Il mio amico si **chiama** Roberto. Il suo compleanno è il quattordici **ottobre**.

5. Listen and choose the option that you hear

1. Andrea – Età: 12 Compleanno: 3 giugno 2. Franco – Età: 15 Compleanno: 17 luglio
3. Nina – Età: 9 Compleanno: 12 novembre 4. Dylan – Età: 19 Compleanno: 7 giugno
5. Michele – Età: 16 Compleanno: 20 settembre 6. Marta – Età: 14 Compleanno: 14 diciembre

6. Narrow listening: gap-fill

a. Ciao, mi chiamo Silvia e **sono** di Torino, Italia. Ho **quattordici** anni. Il mio compleanno è il **trenta** maggio. Ho due fratelli, Filippo e Gianluca.
b. Filippo **ha** quattordici anni e il suo compleanno è il ventuno marzo. Mio fratello Gianluca ha sedici anni e il **suo** compleanno è il **venti** giugno.
c. In **casa** abbiamo anche un criceto. Si **chiama** Giorgio e ha due anni. La mia migliore **amica** si chiama Chiara. Ha **quindici** anni. Il suo compleanno è il **dodici** gennaio.

7. Narrow listening: gapped translation

a. **My name** is Ariella. I am **fourteen** years old. I am from **Venezia**, in **Italy**. My birthday is on 16th of **July**.
b. I have a **brother** called **Giacomo**. He is **11** years old. **His** birthday is on **13th** of December.
c. My best friend is called **Anna**. She is **15** years old and her birthday is on **10th** of **March**.
d. My **cousin** is called Anita. She is **12** years old and her birthday is on **1st** of **April**.
e. At home we have a pet. It is a **snake**. **Its name is** Mac and it is **3** years old.

8. Listening slalom

a. Example: Giovanni: *My name is Giovanni. I am from Brindisi. I am 13. My birthday is on 16th July. I have a sister. Her birthday is on 1st January.*
b. Leo: My brother is called Leo. He is from Savona. He is 14. His birthday is on 15th March. He has a girlfriend. Her birthday is on 7th October.
c. Alessandro: My name is Alessandro. I am from Genova. I am 21. My birthday is on 30th August. I have a hamster. His birthday is on 2nd September.
d. Gabriella: My name is Gabriella. I am from Bologna. I am 16. My birthday is on 21st May. I have a boyfriend. His birthday is on 12th March.
e. Carlo: My name is Carlo. I am from Vicenza. I am 9. My birthday is on 23rd June. I have a friend (f). Her birthday is on 30th June.

9. Faulty translation: spot the translation errors and correct them

My name is Marco, I am **Swiss**. I am **12** years old. My parents are called Alessio and Marina. They are **48** years old. My mother's birthday is on **31st** March. My father's birthday is on **14th** August. I have two **brothers**, Raffaele and Ares. Raffaele is 10 years old and Ares is **11**. Raffaele's birthday is on 11th **June**. Ares' birthday in on **21st** April. At home we have a pet, a **cat**. Its name is **Paco** and it is one year old. I have a girlfriend. Her name is Petra. She is **13**. Her birthday is on 16th **November**.

Unit 2. Saying when my birthday is: VOCABULARY BUILDING

1. Complete with the missing word

a. Mi **chiamo** Gabriella. b. La mia **amica** si chiama Eva. c. Il **mio** amico si chiama Luca.
d. Il mio **compleanno** è il... e. Il **cinque** maggio f. L'**otto** novembre g. Il quattro **luglio**
h. Il **suo** compleanno è il...

2. Match up

aprile – April **Novembre** – November **dicembre** – December **maggio** – May **gennaio** – January
febbraio – February **il mio compleanno** – my birthday **il mio amico** – my friend (*m*)
la mia amica– my friend (*f*) **mi chiamo** – I am called **si chiama** –S/he is called

3. Translate into English

a. the 14th of January b. the 8th of May c. the 7th of February d. the 20th of March e. the 19th of August
f. the 25th of July g. the 24th of September h. the 15th of April

4. Add the missing letter

a. com**p**leanno b. feb**b**raio c. mar**z**o d. mag**g**io e. a**p**rile f. giug**n**o g. ge**n**naio h. ag**o**sto i. lu**g**lio j. novembre k. dicembre l. set**t**embre

5. Broken words

a. **Il tre** gennaio b. **Il cinque** luglio c. Il **nove** agosto d. **Il** d**odici** marzo e. **Il** s**edici** aprile f. **Il** d**iciannove** di**cembre** g. **Il venti** ottobre h. **Il** v**entisette** maggio i. **Il** t**renta** s**ettembre**

6. Complete with a suitable word

a. Mi **chiamo** Simona. b. Il mio **compleanno** è il due marzo. c. Ho nove **anni.** d. Il mio **amico** si chiama Gianni. e. Gianni **ha** dieci anni. f. Il suo **compleanno** è il tre giugno. g. Il mio **compleanno** è il primo aprile. h. La mia amica **si** chiama Claire. i. Il **mio** compleanno è il sei maggio. j. Oggi è l'otto **novembre.** k. **Mi** chiamo Leonardo Rossi.

Unit 2. Saying when my birthday is: READING

1. Find the Italian for the following items in Alberto's text

a. mi chiamo b. ho dodici anni c. l'otto gennaio d. il mio compleanno è e. il quindici f. il suo compleanno è g. nel mio tempo libero h. il mio amico i. si chiama j. ha quindici anni k. il ventuno giugno l. ha un fratello maggiore

2. Complete with the missing words

Ho – anni – Ho – compleanno – ha – anni – il

3. Answer the following questions about Martina's text

a. she is seven b. it's the 5th of December c. she has two brothers d. Giulio is the good brother e. Enrico is thirteen f. it's the 7th of August

4. Find Someone Who:

a. Martina b. Mohamed c. Gianluca d. Alberto e. Alberto f. Giulio g. Gianluca h. Martina

Unit 2. Saying when my birthday is: WRITING

1. Complete with the missing letters

a. Mi chia**mo** Giorgio. b. So**no** d**i** Torino. c. **Il** m**io** complea**nno** è il die**ci** giu**gno**. d. H**o** quatt**ordi**ci an**ni.** e. La mi**a** ami**c**a si **ch**iama Carla. f. Il mi**o** amico **si** chiama Gianfranco. g. Il mi**o** ami**co** s**i** **ch**iama Michele. h. Michele h**a** und**ici** an**ni**.

2. Spot and correct the mistakes

a. Il mi**o** **co**mpleanno è il quattro gennaio. b. Mi c**h**iamo Giovanni. c. **S**i chiama Simona. d. La mia ami**c**a si chiam**a** Caterina. e. Caterina h**a** undici ann**i.** f. Io ho **q**uattordici anni. g. Il mio complea**nno** **è** il primo marzo. h. Ho **q**uindici anni.

3. Answer the questions in Italian

a. Mi chiamo **Giovanni.** b. Ho **quindici** anni. c. Il mio compleanno è il **cinque dicembre.** d. Mio fratello ha **sedici** anni.

4. Write out the dates below in words as shown in the example

a. il quindici maggio. b. il dieci giugno. c. il venti marzo. d. il diciannove febbraio. e. il venticinque dicembre. f. il primo gennaio. g. il ventidue novembre. h. il quattordici ottobre.

5. Guided writing – write 4 short paragraphs in the 1st person singular ['I'] describing the people below

Mi chiamo Samuel, ho undici anni e il mio compleanno è il venticinque dicembre. Mio fratello si chiama Nico e il suo compleanno è il diciannove febbraio.
Mi chiamo Francesca e ho quattordici anni, e il mio compleanno è il ventuno luglio. Mio fratello si chiama Marco e il suo compleanno è il ventuno aprile.
Mi chiamo Li e ho dodici anni, e il mio compleanno è il primo gennaio. Mio fratello si chiama Wen e il suo compleanno è il venti giugno.
Mi chiamo Andrea e ho sedici anni, e il mio compleanno è il due novembre. Mio fratello si chiama Alfonso e il suo compleanno è il dodici ottobre.

6. Describe this person in the third person:

Si chiama Alessio e ha dodici anni. Il suo compleanno è il ventuno giugno. Suo fratello si chiama Leo e ha sedici anni, il suo compleanno è il primo dicembre.

Unit 2. Saying when my birthday is: TRANSLATION

1. Faulty translation: spot and correct (in the English) any translation mistakes you find below

a. My birthday is on the ~~27th~~ **28th of** April. b. ~~His~~ **My** name is Roberto. c. I am ~~22~~ **23** years old.
d. My friend ~~I am~~ **is** called Paul. e. ~~I have~~ **He is** 26 years old. f. ~~His~~ **My** birthday **is on the** ~~14th~~ **4th** of July.

2. From Italian to English

a. the 8th of October. b. my birthday is. c. my friend(m) is called. d. his/her birthday is.
e. the 11th of January. f. the 14th of February. g. the 25th of December. h. the 7th of July. i. the 1st of June.

3. Phrase-level translation

a. mi chiamo… b. ho dieci anni. c. il mio compleanno è… d. il primo maggio. e. la mia amica si chiama Bella.
f. lei ha dodici anni. g. il suo compleanno è il… h. il ventitrè agosto. i. il ventinove aprile.

4. Sentence-level translation

a. Mi chiamo Luigi. Ho trent'anni. Il mio compleanno è l'undici marzo. b. Mio fratello si chiama Piero. Ha quattordici anni. Il suo compleanno è il diciotto agosto. c. Il mio amico si chiama Simone. Ha ventidue anni e il suo compleanno è il quattordici gennaio. d. La mia amica si chiama Angela. Ha diciotto anni e il suo compleanno è il venticinque luglio. e. Il mio amico si chiama William. Ha vent'anni. Il suo compleanno è il ventiquattro settembre.

TERM 1 - BRINGING IT ALL TOGETHER - 2

1. Complete with the missing details

a. Anna is from **Lugano**, whilst Pietro is from **Bologna.**
b. Anna is feeling a bit **tired.**
c. Anna is **14** years old, whilst Pietro is **13.**
d. Anna has an older **brother** and a younger **sister.**
e. Anna's birthday is on **18th July.**
f. Pietro's birthday is on **18th July.**
g. Luigi is Anna's **brother.**
h. Paola's birthday is on **24th March.**
i. **Luigi's** birthday is on 13th January.

2. Find someone...

a. Luigi b. Anna c. Anna d. Anna e. Pietro f. Anna g. Paola h. Anna i. Anna and Pietro j. Pietro k. Pietro

3. Find the Italian equivalent in the text and write it in the spaces provided

a. mi chiamo
b. sono di
c. ho tredici anni
d. quando è il tuo compleanno?
e. ora devo andare
f. il compleanno di Luigi
g. il ventiquattro marzo
h. tuo fratello Luigi
i. a proposito
j. il mio compleanno è
k. grazie sei molto gentile
l. si chiamano

4. Find in the text Italian words that look/sound like the English words below

a. piacere b. polacca c. stressata d. proposito e. maggiore f. minore g. Leonardo h. preferito i. coincidenza j. numero

5. Translate into English

a. Where are you from? b. I'm from Ancona. c. I'm a bit stressed. d. I'm 12. e. I have two older brothers. f. ...they are called Alberto e Paolo. g. I have a younger brother and a younger sister.

6. The sentences below have been copied incorrectly. Can you fix them?

a. Ho dodi**ci** anni. b. I miei fratelli si chiama**no...** c. Ho due **fratelli maggiori**.
d. Quando è il tuo **compleanno**, Roberto? e. Il mio compleanno è l'undici **de** febbraio. f. **Che** buffo!
g. Quanti an**n**i hai?

7. Match questions and answers

Come ti chiami? - Roberto.
Di dove sei? - Sono polacca.
Come stai? - Sto bene, grazie.
Hai fratelli? - Si, ho due Fratelli.
Quando è il tuo compleanno? - L'undici gennaio.
Qual è il tuo numero preferito?- Il numero undici.

Unit 3. Saying where I live and am from

TRANSCRIPTS

1. Fill in the blanks

a. Ciao. Mi **chiamo** Davide. Vivo in una **casa** molto grande nel centro della **città**.
b. Buongiorno. Mi chiamo Rossella. **Sono** di Matera. **Vivo** in un appartamento piccolo in **periferia**.
c. Come stai? **Mi** chiamo Maia. Sono **di** Catania. Vivo in un **appartamento** carino sulla costa.
d. Ciao. Mi chiamo **Sacha**. Sono di Locarno, in **Svizzera**. Vivo in una casa molto **piccola** in montagna.
e. Buon**giorno**. Mi chiamo Daniele, vivo a Palermo, in **Italia**. Vivo in un edificio **antico** nel centro della **città**.
f. **Ciao**. Mi chiamo Beatrice. Vivo in **una** casa grande però un po' **brutta** a Serravalle, San Marino.

2. Multiple choice quiz: select the correct location

a. Giovanni vive a **Venezia**. b. Samuele vive a **Cagliari**. c. Giancarlo vive a **Locarno**.
d. Luca vive a **Sassari**. e. Serena vive a **Napoli**. f. Arianna vive a **Parma**.
g. Patrizio vive a **Taranto**. h. Manuele vive a **Savona**.

3. Spot the intruders: identify the words the speaker is NOT saying

Ciao. Mi chiamo Giacomo. Ho **(~~un~~)** quattordici anni e vivo **(~~giá~~)** a Roma, **(~~il~~)** la capitale italiana. Nella mia famiglia **(~~siamo~~)** ci sono quattro persone: i miei genitori, **(~~mia sorella~~)**, mio fratello ed io. Mio fratello **(~~che~~)** si chiama Enzo. Vivo in una **(~~la~~)** casa piccola nel centro di Roma. La mia casa è **(~~molto~~)** carina.

4. Geographical mistakes: listen and correct

a. Mi chiamo Nino. Sono di Bologna. Bologna è in ~~Umbria~~ **Emilia Romagna.**
b. Mi chiamo Pietro. Sono di Savona. Savona è in ~~Sicilia~~ **Liguria.**
c. Mi chiamo Laura. Sono di Roma. Roma è nel ~~Molise~~ **Lazio.**
d. Mi chiamo Gianni. Sono di Lugano. Lugano è in ~~Italia~~ **Svizzera.**
e. Mi chiamo Lorenzo. Sono di Napoli. Napoli è in ~~Piemonte~~ **Campania.**
f. Mi chiamo Arianna. Sono di Bari. Bari è in ~~Calabria~~ **Puglia.**

5. Spelling challenge: which place names are being spelled out?

a. LUGANO b. NAPOLI c. BERGAMO d. PALERMO e. BOLOGNA f. BELLINZONA

6. Faulty translation: spot the translation errors and correct them

a. Mi chiamo Maia. Sono **italiana**. Ho dodici anni.
b. Vivo a Bergamo, una regione nel **nord** Italia.
c. Ho i capelli **rossi** e ho gli occhi **verdi**. Ho i capelli lunghi e **lisci**.
d. Vivo con mia madre, Eugenia e le mie due **sorelle**, Silvia e Paola.
e. ...in un appartamento piccolo nella **periferia** di Bergamo.
f. Il mio appartamento è in un edificio **moderno**. È **brutto**.
g. Mio padre vive in una casa **grande** sulla **costa**. La sua casa è **carina** e moderna.

7. Spot the missing words and write them in

a.Vivo **a** Bellinzona. La capitale **del** Ticino. Bellinzona è una città **molto** bella. Vivo in un appartamento **piccolo** in un edificio moderno nel centro **della** città.
b. Vivo con la mia famiglia a Milano, una cittá grande **nel** nord Italia. Vivo in **una** casa moderna nella periferia **della** città.
c. Vivo a Lugano, una **città** della Svizzera. Vivo lì con la mia famiglia e il **mio** cane. Vivo in un appartamento grande **però** brutto in un edificio **antico**.
d. Vivo a Venezia, **in** Italia. Vivo in una casa **molto** grande e moderna sulla costa.

8. Narrow listening: gapped translation

Mi chiamo Giulio. ho **diciassette** anni e il mio compleanno è il **trenta** agosto. **Vivo** a Bologna, in Emilia Romagna, nel **nord** dell'Italia. Vivo in una casa **antica** nella **periferia**. Ho due **sorelle**, Marcella e Silvia. Marcella è molto **bella** però un po' sciocca. Silvia è un po' **brutta** però molto **intelligente** e divertente. Il mio amico Riccardo **vive** a Bari però lui è di Bologna come **me**. Vive in un **edificio** moderno nel **centro**. Ha un cane grande che si chiama **Rocco**. Vive in un appartamento grande e **carino**.

9. Listening slalom: follow the speaker from top to bottom and number the boxes accordingly

(a) Vivo in Abruzzo. Ho quindici anni e vivo in un apartamento piccolo in un edificio moderno. Il mio appartamento è brutto però molto grande.
(b) Sono svizzera e vivo vicino a Lugano. Ho dodici anni e vivo in una casa piccola vicino a un lago. La mia casa è moderna.
(c) Vivo in Piemonte, vicino a Torino. Ho sedici anni e vivo in un appartamento in un edificio antico. Il mio appartamento è accogliente e carino
(d) Sono italiano e vivo a Rimini. Ho quattordici anni e vivo in una casa grande sulla costa. Mi piace la mia casa perché è grande.
(e) Vivo in Campania, vicino a Napoli. Ho tredici anni e vivo in una casa molto piccola nel centro della città. La mia casa è carina e spaziosa.

ANSWERS

Unit 3. Saying where I live and am from: LISTENING

1. Fill in the blanks

a. Ciao. Mi **chiamo** Davide. Vivo in una **casa** molto grande nel centro della **città**.
b. Buongiorno. Mi chiamo Rossella. **Sono** di Matera. **Vivo** in un appartamento piccolo in **periferia**.
c. Come stai? **Mi** chiamo Maia. Sono **di** Catania. Vivo in un **appartamento** carino sulla costa.
d. Ciao. Mi chiamo **Sacha**. Sono di Locarno, in **Svizzera**. Vivo in una casa molto **piccola** in montagna.
e. Buon**giorno**. Mi chiamo Daniele, vivo a Palermo, in **Italia**. Vivo in un edificio **antico** nel centro della **città**.
f. **Ciao**. Mi chiamo Beatrice. Vivo in **una** casa grande però un po' **brutta** a Serravalle, San Marino.

2. Multiple choice quiz: select the correct location

a. Venezia b. Cagliari c. Locarno d. Sassari e. Napoli f. Parma g. Taranto h. Savona

3. Spot the intruders: identify the words the speaker is NOT saying

Ciao. Mi chiamo Giacomo. Ho **(~~un~~)** quattordici anni e vivo **(~~giá~~)** a Roma, **(~~il~~)** la capitale italiana. Nella mia famiglia **(~~siamo~~)** ci sono quattro persone: i miei genitori, **(~~mia sorella~~)**, mio fratello ed io. Mio fratello **(~~che~~)** si chiama Enzo. Vivo in una **(~~la~~)** casa piccola nel centro di Roma. La mia casa è **(~~molto~~)** carina.

4. Geographical mistakes: listen and correct

a. Mi chiamo Nino. Sono di Bologna. Bologna è in ~~Umbria~~ **Emilia Romagna.**
b. Mi chiamo Pietro. Sono di Savona. Savona è in ~~Sicilia~~ **Liguria.**
c. Mi chiamo Laura. Sono di Roma. Roma è nel ~~Molise~~ **Lazio.**
d. Mi chiamo Gianni. Sono di Lugano. Lugano è in ~~Italia~~ **Svizzera.**
e. Mi chiamo Lorenzo. Sono di Napoli. Napoli è in ~~Piemonte~~ **Campania.**
f. Mi chiamo Arianna. Sono di Bari. Bari è in ~~Calabria~~ **Puglia.**

5. Spelling challenge: which place names are being spelled out?

a. LUGANO b. NAPOLI c. BERGAMO d. PALERMO e. BOLOGNA f. BELLINZONA

6. Faulty translation: spot the translation errors and correct them

a. Mi chiamo Maia. Sono **italiana**. Ho dodici anni.
b. Vivo a Bergamo, una regione nel **nord** Italia.
c. Ho i capelli **rossi** e ho gli occhi **verdi**. Ho i capelli lunghi e **lisci**.
d. Vivo con mia madre, Eugenia e le mie due **sorelle**, Silvia e Paola
e. ... in un appartamento piccolo nella **periferia** di Bergamo.
f. Il mio appartamento è in un edificio **moderno**. È **brutto**.
g. Mio padre vive in una casa **grande** sulla **costa**. La sua casa è **carina** e moderna.

7. Spot the missing words and write them in

a.Vivo **a** Bellinzona. La capitale **del** Ticino. Bellinzona è una città **molto** bella. Vivo in un appartamente **piccolo** in un edificio moderno nel centro **della** città.
b. Vivo con la mia famiglia a Milano, una cittá grande **nel** nord Italia. Vivo in **una** casa moderna nella periferia **della** città.
c. Vivo a Lugano, una città **della** Svizzera. Vivo lì con la mia famiglia e il **mio** cane. Vivo in un appartamento grande **però** brutto in un edificio **antico**.
d. Vivo a Venezia, **in** Italia. Vivo in una casa **molto** grande e moderna **sulla** costa.

8. Narrow listening: gapped translation

My name is Giulio. I am **17** years old and my birthday is on **30th** August. I **live** in Bologna, in Emilia Romagna, in the north of Italy. I live in an **old** house on the **outskirts**. I have two **sisters**, Marcella and Silvia. Marcella is very **pretty** but a bit silly. Silvia is a bit **ugly** but very **intelligent** and funny. My friend Riccardo **lives** in Bari but he is from Bologna like **me**. He lives in a modern **building** in the **centre**. He has a big dog called **Rocco**. He lives in a big and **beautiful** flat.

9. Listening slalom: follow the speaker from top to bottom and number the boxes accordingly

e.g. I live in Abruzzo. I am 15 and I live in a small flat in a modern building. My flat is ugly but very big.
a. I am Swiss and I live near Lugano. I am 12 and I live in a small house near a lake. My house is modern.
b. I live in Piemonte, near Torino. I am 16 and I live in a flat in an old building. My flat is cosy and pretty.
c. I am Italian and I live in Rimini. I am 14 and I live in a big house on the coast. I like my house because it is big.
d. I live in Campania, near Napoli. I am 13 and I live in a very small house in the city centre. My house is pretty and spacious.

UNIT 3. Saying where I live and am from: VOCAB BUILDING

1. Complete with the missing word

a. Vivo in **una** casa bella. b. Mi piace il mio **appartamento.** c. Sono **di** Firenze. d. **Vivo** in una villa.
e. Un appartamento in un **edificio/palazzo** moderno. f. Sono di Roma, la **capitale** d'Italia.
g. Vivo in una casa molto **vecchia/antica** in campagna. h. Vivo in **periferia.**

2. Match up

il centro – **the centre** bello – **pretty** grande – **big** palazzo – **building** antico – **old**
periferia – **the outskirts** la costa – **the coast** Italia – **Italy** sono di – **i am from** brutto – **ugly**
piccolo – **small** vivo in – **i live in** confortevole - **comfortable**

3. Translate into English

a. I am from Venice b. I live in a house c. my flat is small d. I am from Siena, in Tuscany
e. ...in a modern bulding. f. I am from Cosenza, in the south of Italy g. I live in a villa on the coast of Positano
h. I am from Turin, in the north of Italy

4. Add the missing letter

a. Rom**a** b. Bar**i** c. Mil**a**no d. Sviz**z**era e. Ital**i**a f. Cos**e**nza g. Ven**e**zia h. To**r**ino i. F**i**renze j. Tosc**a**na

5. Broken words

a. **Sono** di **Lugano, in Svizzera.** b. **Vivo in una casa vecchia.** c. **Sono** di **Roma, la capitale** dell' **Italia.**
d. **Vivo in una casa sulla costa della Calabria.** e. **Vivo in una villa piccola in campagna.**

6. Complete with a suitable word

a. Sono **di** Bologna. b. Vivo **in** centro. c. ...in un **edificio/palazzo** antico.
d. Vivo in una casa in **campagna/centro/montagna/periferia.** e. Roma è la capitale dell'**Italia.**
f. Vivo in un appartamento **antico/bello/brutto/confortevole/grande/piccolo/moderno.**
g. Sono di **Roma.** h. ...una **villa/casa** sulla costa. i. Città di San **Marino**, a San Marino.
j. Vivo a Positano sulla **costa.**

Unit 3. "Geography test". Match the numbers to the city or region (Page 39)

Italy: 1- Sardegna 2- Sicilia 3- Calabria 4- Puglia 5- Napoli 6- Roma 7- Abruzzo 8- Marche 9- Bologna 10- Firenze 11- Milano 12- Torino 13- Genova 14- Venezia 15- Bolzano
Switzerland: 1- Ticino 2- Grigioni

UNIT 3. Saying where I live and am from: READING

1. Find the Italian for the following in Bella's text

a. mi chiamo b. ho ventuno anni c. vivo a... d. un appartamento piccolo e. in periferia f. il due giugno
g. ho un cane h. è molto grande i. il suo compleanno è il primo aprile j. ha tre anni k. ho anche un ragno

2. Complete the statements below based on Gianluigi's text

a. I am **22** years old. b. My birthday is on the **9th** of **August.** c. I live in a **small** house in the **centre** of the city.
d. I have two **brothers.** e. I like Edoardo but Dario is **silly.** f. My friend Francesco **lives** in Siena.
g. He lives in a **flat** in a quite old **building.**

3. Answer the questions on the four texts above

a. 15. b. On the 11th of September. Gemelli means twins. c. Gianluigi d. Bella.
e. Because they celebrate both at the same time. f. Gianluigi. g. Bella. h. Bella. i. Marina's.

4. Correct any incorrect statements about Stefania's text

a. Stefania vive a ~~Napoli~~ **Rimini**, ~~nel sud~~ **sulla costa Adriatica in** Italia. b. Correct.
c. Il suo compleanno è a ~~marzo~~ **maggio.** d. Il compleanno di Sara è il tre**nta** marzo.
e. Stefania vive in una casa piuttosto grande ~~ma brutta~~ e **confortevole** sulla costa. f. Correct.

UNIT 3. Saying where I live and am from: TRANSLATION/WRITING

1. Translate into English

a. I live in b. a house c. a flat d. comfortable e. very big f. in a building g. old h. modern
i. in the centre j. on the outskirts k. on the coast l. I am from m. in Italy n. in Switzerland
o. I live in Glasgow

2. Gapped sentences

a. Vivo a Bari in una **villa** antica. b. Una casa in **campagna.** c. Vivo in un **appartamento** piccolo.
d. una **casa** in **periferia.** e. **Sono di** Roma, la capitale d'**Italia**, ma vivo a Malta.

3. Complete the sentences with a suitable word

a. Sono **di** Borgo Maggiore, nella Repubblica di San Marino. b. **Sono** di Firenze, il capoluogo della Toscana.
c. Sono argentino, vivo a **città** del Vaticano. d. Vivo in un **appartamento** grande in **periferia.**
e. Vivo a Bologna, in una casa nuova e **moderna.** f. Vivo in un appartamento **piccolo** in centro.
g. Vivo a Grisignana, in Croazia, in **una** casa moderna.

4. Phrase-level translation (English to Italian)

a. vivo a b. sono di c. una casa d. un appartamento e. brutto f. piccolo g. in un palazzo/edificio vecchio h. in centro i. in periferia j. sulla costa k. in toscana

5. Sentence-level translation (English to Italian)

a. Sono di Pisa, in Toscana, in Italia. Vivo in una casa grande e bella in periferia.
b. Sono di Amalfi, nel sud dell'Italia. Vivo in un appartamento piccolo e confortevole vicino la costa.
c. Sono di Bellinzona, in Svizzera. Vivo in un appartamento grande in un palazzo/edificio nuovo in centro.
d. Sono di Venezia, nel nord dell'Italia. Vivo in un appartamento in un palazzo in periferia. Mi piace il mio appartamento.

Unit 3. Saying where I live and am from: WRITING

1. Complete with the missing letters

a. Mi chia**mo** Angela.
b. Vi**vo** in una ca**sa** m**o**der**na.**
c. Viv**o** in un ap**p**artam**e**nto grand**e.**
d. **Vivo** a Pisa in una **ca**sa i**n** cent**ro.**
e. So**no** di Mil**a**no in Lom**b**ardi**a**.
f. Io **s**ono d**i** Rom**a,** la capi**t**ale d'Itali**a**.
g. **Vivo** in una vi**ll**a grand**e** in peri**f**eri**a.**
h. **S**ono di Firen**z**e in T**o**scan**a.**

2. Spot and correct the spelling mistakes

a. Sono d**i** Cosenza **in** Calabria.
b. Sono **di** Bari **in** Puglia.
c. Vivo in una casa piccol**a** a Malta.
d. Vivo in **un** appartamento grand**e.**
e. Vivo **in** un palazzo nuevo.
f. Vivo **a** Roma con la mia famiglia.
g. Sono d**i** Siena **i**n T**o**scana.
h. Vivo in una vil**l**a in campa**g**na.

3. Answer the questions in Italian

a. Mi chiamo **Giulia.** b. Ho **quindici** anni. c. Sono di **Bari.** d. Vivo a **Firenze.** e. Vivo in una **casa.**

4. Anagrams (regions of Italy and countries)

a. Veneto b. Toscana c. Puglia d. Calabria e. Piemonte f. Lombardia g. Vaticano h. Svizzera i. San Marino j. Sardegna

5. Guided writing – write 4 short paragraphs in the 1st person singular ['I'] describing the people below

Mi chiamo Samuel e ho dodici anni. Il mio compleanno è il venti giugno. Vivo a Roma, nel Lazio.
Mi chiamo Alex e ho quattordici anni il quattordici ottobre. Vivo a Lugano, in Svizzera.
Mi chiamo Andrea e ho undici anni, il mio compleanno è il quattordici gennaio**.** Vivo a Monte Carlo a Monaco.
Mi chiamo Charles e ho tredici anni, il mio compleanno è il diciassette gennaio. Vivo a Taormina, in Sicilia (Italia).
Mi chiamo Nina e ho quindici anni, , il mio compleanno è il diciannove ottobre. Vivo ad Amalfi, in Campania (Italia).

6. Describe this person in the third person

Si chiama Alessio e ha sedici anni. È nato il quindici maggio a Glasgow in Scozia, vive a Lucca in Italia.

TERM 1 – BRINGING IT ALL TOGETHER – 3

1. Find the Italian equivalent in the text

a. sono svizzero
b. oggi
c. sono felice
d. ho una sorella
e. che si chiama
f. (lei) ha
g. lei è un po' triste
h. il suo compleanno
i. in un appartamento grande
j. nella periferia
k. grande e carino
l. una casa piccola in montagna

2. Complete the sentences based on Vittorio's text

a. My name is Vittorio. Today I am feeling **well.**
b. I am **happy** and calm.
c. My sister is **5** years old.
d. Today Barbara is feeling a bit **sad.**
e. Today Leo is happy because it is **his birthday.**
f. Vittorio lives in a big, **pretty** and modern flat.
g. Sofía lives in a **small** house in the **mountains.**
h. Carlo lives in a modern **building.**

3. Answer the questions below in English

a. Vittorio b. Vittorio's best friend c. Sofia d. Sofia and Carlo e. Sofia f. Vittorio g. Sofia

4. The second paragraph in Vittorio's text was copied incorrectly with EIGHT words missing. Can you spot them and add them in?

Il mio compleanno è il dodici settembre. Ho una sorella che **si** chiama Barbara e **un** fratello che si chiama Leo. Barbara ha cinque **anni** e Leo ha nove anni. Oggi Barbara non **sta** molto bene, **è** un po' triste. Però *(however)*, Leo **sta** benissimo. È felice perché **è** il suo compleanno.

5. Spot the 9 mistakes in the following translation of Luca's first 2 paragraphs

My name is Luca. I am Italian. I am **nine** years old and live in Rome, the capital of Italy. Today I am **very** well. I am happy and very **calm**. My birthday is on 3rd August. I have a sister who is called Lucia and a **cousin** called Francesco. Lucia is **eight** and Francesco is **eleven**. Today Lucia is not very well. She is very **stressed**. However, Francesco is **great**. Today he is very **happy**.

6. Complete the following translation of paragraphs 3 and 4 in Luca's text

My family and I live in a **big** and modern, but a bit ugly house, in Parioli, on the **hills** of Rome. I **like** my house because it is **near** the nature.
My friend is called Renata and is **11** years old. Her **birthday** is on **16th** April. She **also** lives in a house on the **hills**. Her house is very **small**, but very modern and **pretty**. Normally it is very **clean**. In her **free time** she **always** plays the violin.

7. Tick the words on the list below which are included in the text and translate them into English

a. **oggi - today**
b. **la sua - his / her**
c. con
d. **di - of**
e. inoltre
f. da
g. **sempre - always**
h. mai
i. a volte
j. **anche - also**
k. amo
l. **suona - plays**
m. gioco
n. neanche

8. Answer the following questions in Italian, as if you were Luca. Note: you can use whole sections of the text, provided they are relevant

a. Mi chiamo Luca.
b. Sono Italiano.
c. Sto molto bene.
d. Mio cugino si chiama Francesco.
e. Lucia non sta molto bene, è stressata.
f. Ivan è il mio migliore amico.
g. Renata vive in una casa sulle colline.
h. La sua casa è molto piccola, però è molto moderna e carina.
i. Ivan ha otto anni.
j. Nel suo tempo libero Ivan gioca sempre a calcio.

TERM 1 - MIDPOINT - RETRIEVAL PRACTICE

1. Answer the following questions in Italian – Students' own answers

2. Write a paragraph in the first person singular (I) providing the following details

Mi chiamo Fabio. Sono italiano e vivo a Como, nel nord dell'Italia. Ho undici anni e il mio compleanno è il ventinove luglio. Ho un fratello maggiore che si chiama Mauro e un fratello minore che si chiama Silvio. Mauro ha sedici anni e il suo compleanno è il primo gennaio. Silvio ha otto anni e il suo compleanno è il trenta giugno. Vivo in una casa in periferia. Mi piace la mia casa perché è sempre pulita ed è abbastanza spaziosa.

3. Write a paragraph in the third person singular (he/she) providing the following details about your best friend or a member of your family.

Students' own answers

Unit 4. Things I like/dislike: school subjects & teachers

TRANSCRIPTS

1. Underline the word you hear

a. La professoressa di francese è **simpatica.**
b. La geografia è **interessante.**
c. Le scienze sono molto **utili.**
d. L'educazione fisica è **stancante.**
e. **Mi interessa** la musica.
f. Il professore di tedesco è **simpatico.**
g. La matematica è **difficile.**
h. Il professore è un po' **antipatico.**

2. Break the flow

a. Mi piace il tedesco ma è difficile.
b. Mi interessa lo spagnolo.
c. Non mi piace la matematica.
d. Mi piace perché imparo molto.
e. É utile per il futuro.
f. Ho i miei amici nella classe.
g. La professoressa è molto brava.

3. Listening for detail: what subjects does Paola do each day? Tick the correct ones

Ciao, mi chiamo Paola e sono di Asti, in Italia. Il lunedì studio francese e spagnolo. Mi piace lo spagnolo! Il martedì studio scienze e geografia. I miei professori sono molto simpatici. Il mercoledì ho lezione di educazione fisica e informatica. L'educazione física è divertente ma stancante. Il giovedì studio arte e storia. Ho molti amici in classe. Infine, il venerdì ho lezione di física e inglese. L'inglese è la mia materia preferita!

4. Complete with the missing words

a. Mi piace **lo** spagnolo perché è **divertente.**
b. Al mio amico piacciono **le** scienze.
c. Non mi **piacciono** le lingue.
d. ...perché non **sono** molto interessanti.
e. Mi piace **perché** ho molti **amici** in classe.
f. L'arte è un po' **noiosa.**
g. L'**informatica** è molto **utile** per il futuro.
h. Il professore **è** molto **bravo.**

5. Listen and fill in the grid

e.g. Ho lezione di italiano. Mi piace perché il professore è molto bravo.
a. Ho lezione di matematica. Non mi piace perché è molto difficile.
b. Ho lezione di geografia. Mi interessa perché imparo molto in classe.
c. Ho lezione di arte. Non mi piace perché è un po' noiosa.
d. Ho lezione di scienze. Mi piacciono perché la professoressa è brava.
e. Ho lezione di informatica. Mi piace perché è utile per il futuro.

6. Listen and correct the mistakes

a. **A** scuola studio **la storia.**
b. Mi **piace** lo spagnolo perché è **divertente.**
c. Mi piace perché ho **amici** in classe.
d. Non **mi** piacciono le scienze perché sono **noiose.**
e. **Al** mio amico non piace la **chimica.**
f. La matematica **è** molto **utile.**
g. Mi piace perché la **professoressa** è **brava.**
h. Non **mi** piace perché **non** imparo **molto** in classe.

7. Spot the difference and correct the text

Mi chiamo Giacomo Luci. Sono di Bari. A scuola studio inglese, spagnolo, **italiano** e francese. Mi piace **molto** lo spagnolo perché è **divertente** e imparo molto a **casa**. È molto **interessante** e utile per il futuro. Inoltre, ho molti **amici** in classe. Il mio amico studia francese e **religione**. Al mio amico **non piace** il francese perché è abbastanza **complicato**.

8. Narrow listening: gapped translation

Mi chiamo Roberto. Ho **dodici** anni. Sono **di** Bologna, in Emilia Romagna. A **scuola** studio inglese, italiano, francese e **tedesco.** La mia materia preferita è **l'italiano** perché il professore è **molto bravo** e perché **imparo** molto in **classe.** Al mio amico non piacciono le **scienze** perché pensa che il **professore** è un po' **noioso** e non ha molti **amici** in classe. Ad ogni modo, è una materia importante perché è **utile** per il **futuro.** Inoltre mi interessa la **matematica,** ma è abbastanza **difficile.**

9. Listening slalom: follow the speaker from top to bottom and number the boxes accordingly

a. A scuola, studio spagnolo, francese e storia. La mia materia preferita è la storia.
b. Mi piace l'arte perché è interessante e ho molti amici in classe.
c. Il lunedì ho lezione di informatica e mi interessa perché è utile per il futuro.
d. La mia materia preferita è il tedesco perché il mio professore è molto bravo.

ANSWERS

Unit 4. Things I like/dislike: school subjects & teachers: LISTENING

1. Underline the word you hear

a. La professoressa di francese è **simpatica.**
b. La geografia è **interessante.**
c. Le scienze sono molto **utili.**
d. L'educazione fisica è **stancante.**
e. **Mi interessa** la musica.
f. Il professore di tedesco è **simpatico.**
g. La matematica è **difficile.**
h. Il professore è un po' **antipatico.**

2. Break the flow

a. Mi piace il tedesco ma è difficile.
b. Mi interessa lo spagnolo.
c. Non mi piace la matematica.
d. Mi piace perché imparo molto.
e. È utile per il futuro.
f. Ho i miei amici nella classe.
g. La profesoressa è molto brava.

3. Listening for detail: what subjects does Paola do each day? Tick the correct ones

Monday: Spanish, French
Tuesday: Science, Geography
Wednesday: PE, ICT
Thursday: History, Art
Friday: Physics, English

4. Complete with the missing words

a. Mi piace **lo** spagnolo perché è **divertente.**
b. **Al** mio amico piacciono **le** scienze.
c. Non mi **piacciono** le lingue.
d. ...perché non **sono** molto interessanti .
e. Mi piace **perché** ho molti **amici** in classe.
f. L'arte è un po' **noiosa.**
g. L'**informatica** è molto **utile** per il futuro.
h. Il professore **è** molto **bravo.**

5. Listen and fill in the grid

	Subject	Love/like/dislike	Reason
a.	**maths**	dislike	very difficult
b.	**geography**	love	learn a lot in class
c.	**art**	dislike	a bit boring
d.	**science**	like	teacher is good
e.	**IT**	like	useful for the future

6. Listen and correct the mistakes

a. **A** scuola studio **la storia.**
b. Mi **piace** lo spagnolo perché è **divertente.**
c. Mi piace perché ho **amici** in classe.
d. Non **mi** piacciono le scienze perché sono **noiose.**
e. **Al** mio amico non piace la **chimica.**
f. La matematica **è** molto **utile.**
g. Mi piace perché la **professoressa** è **brava.**
h. Non **mi** piace perché **non** imparo **molto** in classe.

7. Spot the difference and correct the text

Mi chiamo Giacomo Luci. Sono di Bari. A scuola studio inglese, spagnolo, **italiano** e francese. Mi piace **molto** lo spagnolo perché è **divertente** e imparo molto a **casa**. È molto **interessante** e utile per il futuro. Inoltre, ho molti **amici** in classe. Il mio amico studia francese e **religione**. Al mio amico **non piace** il francese perché è abbastanza **complicato**.

8. Narrow listening: gapped translation

My name is Roberto. I am **twelve** years old. I am **from** Bologna, in Emilia Romagna. At **school** I study English, Italian, French and **German**. My favourite subject is **Italian** because the teacher is **very good** and because **I learn** a lot in **class**. My friend doesn't like **science** because he thinks that the **teacher** is a bit **boring** and he doesn't have many **friends** in class. However, it is an important subject because it is **useful** for the **future**. **Maths** also interests me, but it is quite **difficult**.

9. Listening slalom: follow the speaker from top to bottom and number the boxes accordingly

a. At school, I study Spanish, French and history. My favourite subject is history.
b. I like art because it is interesting and I have many friends in class.
c. On Mondays I have IT class and it interests me because it is useful for the future.
d. Mi favourite subject is German because the teacher is very good.

Unit 4. Things I like/dislike: school subjects & teachers: VOCAB BUILDING

1. Match

mi piace – I like **le scienze** – science **perché** – because **non mi piace** – I don't like **noioso** – boring
il mio amico – my friend **divertente** – fun **facile** – easy **interessante** – interesting

2. Faulty translation: correct the English

a. mi piacciono le scienze — *I like **science***
b. l'inglese è noioso — *English is **boring***
c. il francese è divertente — *French is **fun***
d. la storia è interessante — ***history** is interesting*
e. al mio amico piace l'arte — *my friend **likes** art*
f. la matematica è difficile — *maths is **hard***
g. l'informatica è noiosa — *ICT is **boring***
h. imparo molto — *I **learn** a lot*
i. è utile per il futuro — *it is **useful** for the future*

3. Spot the hidden word in each sequence of letters

a. *fun* noiosofacilemoltopiace**divertente**difficileamicoscienze
b. *easy* scienze**facile**moltomatematicadivertentedifficileamico
c. *boring* mipiaceascoltoimparo**noioso**miinteressainglese
d. *because* artecomplicatopiaceamico**perché**imparo
e. *it is* amicotedescocomplicatobravo**è**perchédivertentesono
f. *science* mipiaccionomolto**lescienze**perché
g. *friend (fem.)* allamia**amica**nonpiaccionolescienze

4. Translate into English

a. interesting b. complicated c. boring d. fun e. useful f. good g. easy

5. Complete the table

Italiano	English
noioso	**boring**
utile	useful
divertente	fun
bravo	**good**
interessante	interesting
perché	**because**
facile	easy
complicato	complicated
ho i miei amici	I have my friends
è utile	**is useful**

6. Insert 'piace or 'piacciono as appropriate

a. Mi **piace** l'arte. b. Non mi **piacciono** le scienze. c. Mi **piacciono** le lingue. d. Mi **piace** la chimica.
e. Mi **piace** l'inglese. f. Mi **piace** la matemática. g. Non mi **piace** il francese h. Mi **piace** l'italiano..
i. Non mi **piace** la storia. j. Mi **piace** la música. k. Mi **piacciono** i professori. l. Mi **piace** l'irlandese.

7. complete the words

a. perché b. scie**nze** c. le pia**ce** l' ar**te** d. l' ingl**ese** e. non m**i** pia**ce** f. è diverte**nt**e
g. la musica h. le ling**ue** i. il fran**cese** j. la sto**ria** k. l' ital**iano** l. br**av**o

Unit 4. Things I like/dislike: school subjects & teachers: READING

1. Find the Italian for the following in Enrico's text

a. I live: **vivo** b. school: s**cuola** c. outskirts: p**eriferia** d. diligent: d**iligenti**
e. they help me: **mi** a**iutano** f. good (sing.): b**ravo:** b**uono** g. I learn: i**mparo** h. also: a**nche**
i. tiring: s**tancante**

2. Complete based on Enrico's text

a. He is **13.** b. He has **3** siblings. c. His Italian teacher is **good** and **helps him.** d. He adores **Italian.**
e. Science is **fun.** f. He **also** likes PE. g. PE is **tiring.** h. History is **boring.**

3. Spot and correct the 11 mistakes in the following translation of Ignazio's text

My name is Ignazio. I am **fifteen** years old and my birthday is on the 8th June. I live in Cremona. I am **an only child**. I go to the Liceo Alessandro Volta, a quite large secondary school **on the outskirts** of the city, near the stadium. I like my school because the teachers are very good, **diligent** and are not strict. My favourite **subject** is ICT because it is interesting and **useful** and the teacher is very **fun** and patient. I **learn** very much in his lessons. I also like foreign languages, especially **German**, because the teachers very **good** and fun. I don't like at all maths because it is complicated, boring and tiring.

4. Find the Italian for the following in Roberta's text

a. only child: **figlia unica**
b. school: **scuola**
c. port: **porto**
d. good: **bravi**
e. diligent: **diligenti**
f. I learn: **imparo**
g. friendly: **simpatico**
h. English: **inglese**

5. Find someone who

a. Roberta b. Ignazio c. Roberta d. Ignazio e. Enrico f. Roberta g. Roberta

6. Answer these questions about Roberta

a. In the city centre. b. Good, diligent and strict . c. Because it's easy and the teacher is nice.
d. They are complicated and boring.

Unit 4. Things I like/dislike: school subjects & teachers: TRANSLATION

1. Translate into English

a. I like English b. the teacher is good c. I learn a lot d. I don't like at all e. it is complicated
f. it is boring g. I like history a lot h. I like science i. I have my friends in the class j. it is tiring
k. I like languages a lot

2. Gapped translation

a. mi piace **molto** l' inglese b. **imparo** molto c. mi interessano le **scienze**
d. ho **i miei** amici in classe e. è **utile** per il futuro f. il professore è **bravo**

3. Tangled translation: into Italian

a. Mi piace l' **inglese** perché ho i miei **amici** in classe.
b. Non mi piace per **niente** la **matematica perché** è **noiosa.**
c. **Non mi piacciono** le **scienze** perche la professoressa è **antipatica.**
d. Non mi piace l'**educazione** fisica **perché** è **stancante.**
e. **Adoro** l'italiano perché **la** professoressa **è divertente** e **simpatica.**
f. **Mi piace** l'informatica **perché** è **utile** per il **futuro.**
g. Non mi piace il **francese** perché **è** complicato.

4. Phrase level translation: English to Italian

a. mi piacciono le scienze b. imparo molto c. ho i miei amici d. è complicata e. sono noiose
f. sono utili g. adoro il francese h. in classe i. è stancante j. mi piace la matematica
k. per il futuro l. mi piace molto la storia m. il professore è bravo n. la professoressa è antipatica

5. Sentence level translation: English to Italian

a. Mi piace il francese perché ho i miei amici in classe.
b. Non mi piacciono le scienze perché il professore è noioso.
c. Adoro lo spagnolo perché è utile per il futuro.
d. Non mi piace la matematica perché è complicata.
e. Non mi piace la storia perché il professore è antipatico.
f. Non mi piace l'educazione fisica perché è stancante.
g. Mi piace l'informatica perché il professore è bravo e divertente.

Unit 4. Things I like/dislike: school subjects & teachers: WRITING

1. Anagrams

a. Le scienze sono noiose. b. L'inglese è divertente. c. Imparo molto a lezione.
d. Non mi piace la matematica. e. Mi piace molto il francese. f. È utile per il futuro.
g. La professoressa è brava. h. Ho i miei amici in classe.

2. Broken words

a. Impa**ro** mo**lto** a lez**ione.** b. La mia professo**ressa** è simpatica. c. N**on** mi piac**ciono** le scien**ze.**
d. **È** ut**ile** per il fut**uro.** e. Il profess**ore** di art**e** è simp**atico.** f. H**o** ami**ci** in classe.
g. Il m**io** professore è divert**ente.** h. Non m**i** piace il fra**ncese.** i. La mate**matica** è noio**sa.**

3. Complete with the missing words

a. Non mi **piacciono** le scienze. b. Mi **piace** molto il francese. c. Non **mi** piace **la** matemática.
d. Mi piace **l'** inglese perché il **professore** è bravo. e. Al mio amico **piace** l'arte **perché** è divertente.
f. Adoro **lo** spagnolo perché **è** appassionante. g. Mi piace l' informatica perché è **utile** per il futuro.
h. Ho i miei **amici** in classe.

4. Complete with *piace* or *piacciono* as appropriate

a. Non mi **piace** la matematica. b. Mi **piace** molto il francese. c. Al mio amico **piacciono** le scienze.
d. A Marina **piace** l 'arte. e. Alla mia amica **piace** l' italiano. f. Non ti **piacciono** le lingue?
g. Mi **piacciono** molto i miei professori. h. A mio fratello non **piace** la musica.

5. Guided writing

Samuele: Mi chiamo Samuele. Mi piace il francese perché è divertente, ma non mi piacciono le scienze perché sono noiose.
Ale: Mi chiamo Ale. Mi piace l'informatica perché è utile, ma non mi piace la matematica perché il professore non è bravo.
Andrea: Mi chiamo Andrea. Mi piace l'inglese perché è interessante, ma non mi piace l'arte perché non è divertente.
Carlo: Mi chiamo Carlo. Mi piacciono le scienze perché sono interessanti, ma non mi piace l'educazione fisica perché è stancante.
Nina: Mi chiamo Nina. Mi piace l'italiano perché è divertente e interessante, ma non mi piace la storia perché il professore è antipatico e non ho i miei amici in classe.

6. Describe this person in the third person:

Si chiama Manuele e ha tredici anni. È svizzero ma vive in Italia. Gli piace il francese, perché è divertente e utile per il futuro, inoltre gli piace la matematica perché è appassionante e il professore è molto bravo e divertente. Non gli piace la geografia perché è noiosa e la professoressa è antipatica.

TERM 1 - BRINGING IT ALL TOGETHER - 4

1. Find the Italian equivalent in the text

a. ho dodici anni   b. oggi sto benissimo   c. ho un fratello maggiore   d. viviamo
e. mi piace la mia casa   f. ci sono molti negozi vicino   g. nel mio tempo libero   h. la mia migliore amica
i. nella periferia di...   j. vado   k. una scuola molto grande   l. mi piace la mia scuola
m. i professori sono molto bravi   n. diligenti   o. è una scuole bilingue   p. adoro l'inglese

2. Arrange the information below in the same order as it occurs in the text

His name is Michele – 1
He likes his school – 8
Alice lives in the outskirts of Bellinzona – 6
Michele is feeling great today – 2
He likes his house – 4
Michele loves English – 9
There are many restaurants near Alice's house – 7
Michele is on holiday – 3
Alice's birthday is on the 30th April – 5

3. Faulty translation: correct the 10 mistakes found in the translation below of paragraphs 1, 2 and 3 of Leonardo's text

1. My name is Leonardo and I am **14** years old. I am Swiss and live in Locarno. Today I am **so so**. I am a bit **stressed** because I have a lot of homework.
2. I have an **younger** brother whose name is Gianni. Gianni is thirteen and usually is very **funny**. Today Gianni is very **happy** because it is his birthday.
3. I live with my family in a quite **big** and old house **on the outskirts** of Locarno. I like my house even though it is a bit **ugly.** There are many restaurants nearby. In my free time I **always** play the **flute**.

4. Complete the translation of paragraph 4

My **best** friend is called Antonio and is **15** years old, nearly the **same** as me. His birthday is on **13th** February. He lives in a a huge **flat** in the centre of Locarno. He **likes** his flat because it is very **big** and **pretty** and there is a sports centre **nearby**.

5. Complete the sentences below based on paragraphs 5 to 7

a. Leonardo's school is located **near the city centre.**
b. He likes his school because the teachers are (1) **intelligent** and (2) **very patient.**
c. His favourite subject is **Italian** because it is (1) **interesting** and (2) **useful for the future.**
d. His Italian teacher is very (1) **intelligent** and (2) **funny.**
e. She always **helps** him and never **shouts** at him.
f. He also enjoys music because the lessons are **interesting** and he has **his best friend** in class.
g. He hates maths because they are **hard** and **boring**. Also, the teacher is very **impatient.**

Unit 5. Things I like/dislike: free time

TRANSCRIPTS

1. Select the correct answer

a. Mi piace giocare a **pallacanestro.**
b. Mi piace fare **sport.**
c. Mi piace giocare **a carte.**
d. Mi piace fare **excursionismo.**
e. Mi piace andare **in palestra.**
f. Mi piace andare **a pesca.**
g. Mi piace perché è **divertente.**
h. Non mi piace perché è **noioso.**

2. Break the flow (draw a line between each word)

a. Nel tempo libero mi piace giocare.
b. Mi piace giocare a pallacanestro.
c. Non mi piace l'equitazione.
d. Mi piace andare in spiaggia.
e. Mi piace perché è interessante.
f. Non mi piace perché è stancante.
g. Mi piace andare a passeggio.

3. Listening for detail: what activities does Christian do each day? Tick the correct ones

Ciao, sono Christian. Il lunedí mi piace fare ciclismo e footing. Lo faccio nel parco. Il martedì mi piace giocare a calcio e mi piace anche andare a passeggio. Il mercoledì mi piace fare nuoto in piscina e fare sport dopo la scuola. Il giovedì mi piace andare a pesca e giocare ai videogiochi. Il venerdì mi piace giocare a scacchi con mio fratello e dopo mi piace andare al centro commerciale con i miei amici.

4. Complete with the missing words

a. Mi piace giocare a **tennis.**
b. Non mi piace andare al **parco.**
c. Non mi piace fare **sport.**
d. Mi piace molto andare a **passeggio.**
e. Non mi piace fare **footing.**
f. Mi piace giocare a **scacchi.**
g. Mi piace perché è **divertente.**
h. Mi piace andare in **palestra.**

5. Listen and fill in the grid

e.g. Non mi piace fare footing perché non è divertente.
a. Amo fare equitazione perché è emozionante.
b. Odio giocare a calcio perché è stancante.
c. Mi piace fare i compiti perché è interesante.s
d. Non mi piace fare nuoto perché è noioso.
e. Mi piace giocare ai videogiochi perché è divertente.

6. Listen and correct the mistakes

a. Mi piace andare **a** passeggio.
b. Mi piace **fare** nuoto.
c. Mi piace perché **è** divertente.
d. Mi piace molto andare **al** parco.
e. Non mi **piace** fare sport.
f. Mi piace abbastanza andare **in** palestra.
g. Mi piace perché **è** emozionante.
h. Non mi piace **fare** ciclismo.

7. Spot the differences between the sentences you hear and those written down

a. Non mi piace giocare a **tennis.**
b. Mi piace molto andare a **passeggio.**
c. Mi piace giocare a **pallacanestro.**
d. Mi piace andare in piscina. (IDENTICAL)
e. Non mi piace fare **footing.**
f. Mi piace molto perché è **emozionante.**
g. Non mi piace fare **nuoto.**
h. Mi piace molto **fare shopping.** (IDENTICAL)
i. Non mi piace fare **i compiti.**

8. Narrow listening: gapped translation

Ciao, **mi chiamo** Anna e sono di Milano. Ho **undici** anni. Nella mia famiglia ci sono **cinque** persone: mia madre, mio padre, mio fratello **maggiore**, Roberto, e mio fratello **minore**, Pietro. Il mio compleanno è il **venti** luglio. Non mi piace **molto** studiare. A **scuola** studio molte materie, ma mi piacciono solo l'**arte** e l'educazione fisica. Odio fare **i compiti**! Nel mio tempo libero mi piace fare **sport**. Mi piace molto giocare a **pallacanestro**, andare in **palestra** e fare **footing**. Mi piace giocare a pallacanestro perché è **emozionante**. Non mi piace fare **escursionismo** perché è noioso e **stancante**.

9. Listening slalom: follow the speaker from top to bottom and number the boxes accordingly

a. Nel tempo libero mi piace andare a pesca e fare nuoto.
b. Quando ho tempo mi piace giocare a scacchi perché è interessante.
c. Non mi piace andare in palestra perché è noioso e stancante.
d. Mi piace molto giocare ai videogiochi con mio padre.

ANSWERS

Unit 5. Things I like/dislike: free time: LISTENING

1. Select the correct answer

a. Mi piace giocare a **pallacanestro.**
b. Mi piace fare **sport.**
c. Mi piace giocare **a carte.**
d. Mi piace fare **excursionismo.**
e. Mi piace andare **in palestra.**
f. Mi piace andare **a pesca.**
g. Mi piace perché è **divertente.**
h. Non mi piace perché è **noioso.**

2. Break the flow (draw a line between each word)

a. Nel tempo libero mi piace giocare.
b. Mi piace giocare a pallacanestro.
c. Non mi piace l'equitazione.
d. Mi piace andare in spiaggia.
e. Mi piace perché è interessante.
f. Non mi piace perché è stancante.
g. Mi piace andare a passeggio.

3. Listening for detail: what activities does Christian do each day? Tick the correct ones

Lunedì: cycling, jogging
Martedì: go for a walk, football
Mercoledì: swimming, sport
Giovedì: videogames, fishing
Venerdì: chess, shopping mall

4. Complete with the missing words

a. Mi piace giocare a **tennis.**
b. Non mi piace andare al **parco.**
c. Non mi piace fare **sport.**
d. Mi piace molto andare a **passeggio.**
e. Non mi piace fare **footing.**
f. Mi piace giocare a **scacchi.**
g. Mi piace perché è **divertente.**
h. Mi piace andare in **palestra.**

5. Listen and fill in the grid

	Opinion	Activity	Reason
a.	**loves**	doing horseriding	exciting
b.	**hates**	playing football	tiring
c.	**likes**	doing homework	interesting
d.	**dislikes**	doing swimming	boring
e.	**likes**	playing videogames	fun

6. Listen and correct the mistakes

a. Mi piace andare **a** passeggio.
b. Mi piace **fare** nuoto.
c. Mi piace perché **è** divertente.
d. Mi piace molto andare **al** parco.
e. Non mi **piace** fare sport.
f. Mi piace abbastanza andare **in** palestra.
g. Mi piace perché **è** emozionante.
h. Non mi piace **fare** ciclismo.

7. Spot the differences between the sentences you hear and those written down

a. Non mi piace giocare a **tennis.**
b. Mi piace molto andare a **passeggio.**
c. Mi piace giocare a **pallacanestro.**
d. Mi piace andare in piscina. (IDENTICAL)
e. Non mi piace fare footing **footing.**
f. Mi piace molto perché è **emozionante.**
g. Non mi piace fare **nuoto.**
h. Mi piace molto **fare shopping.** (IDENTICAL)
i. Non mi piace fare **i compiti.**

8. Narrow listening: gapped translation

Ciao, **mi chiamo** Anna e sono di Milano. Ho **undici** anni. Nella mia famiglia ci sono **cinque** persone: mia madre, mio padre, mio fratello **maggiore**, Roberto e mio fratello **minore**, Pietro. Il mio compleanno è il **venti** luglio. Non mi piace **molto** studiare. A **scuola** studio molte materie, ma mi piacciono solo l' **arte** e l'educazione fisica. Odio fare **i compiti**! Nel mio tempo libero mi piace fare **sport**. Mi piace molto giocare a **pallacanestro**, andare in **palestra** e fare **footing**. Mi piace giocare a pallacanestro perché è **emozionante**. Non mi piace fare **escursionismo** perché è noioso e **stancante**.

9. Listening slalom: follow the speaker from top to bottom and number the boxes accordingly

a. Nel tempo libero mi piace andare a pesca e fare nuoto.
b. Quando ho tempo mi piace giocare a scacchi perché è interessante.
c. Non mi piace andare in palestra perché è noioso e stancante.
d. Mi piace molto giocare ai videogiochi con mio padre.

Unit 5. Things I like/dislike: free time: VOCABULARY BUILDING

1. Match

andare a pesca – to go fishing **fare nuoto** – to go swimming **giocare a scacchi** – to play chess
andare a passeggio – to go for a walk **giocare a calcio** – to play soccer **fare sport** – to do sport
andare in palestra – to go to the gym **fare footing** – to go jogging **andare in spiaggia** – to go to the beach
fare escursionismo – to go hiking **andare a casa del mio amico** – to go to my friend's house

2. Faulty translation

a. Correct b. fare sport: *to do sport* c. andare a pesca: *to go fishing* d. fare footing: *to do jogging*
e. andare in spiaggia: *to go to the beach* f. fare escursionismo: *to do hiking*
g andare in palestra: *to go to the gym* h. giocare a scacchi: *to play chess* i. Correct
j. giocare a calcio: *to play soccer.* k. fare nuoto: *to go swimming*

3. Sentence puzzle: rewrite the jumbled up Italian

a. Nel mio tempo libero amo andare in palestra. *In my free time I love to go to the gym.*
b. Mi piace perché è molto divertente. *I like it because it is a lot of fun.*
c. Mi piace molto fare footing con i miei amici. *I like a lot to go jogging with my friends.*
d. Mi piace perché è molto rilassante. *I like it because it is very relaxing.*
e. Non mi piace giocare a scacchi. *I don't like to play chess.*
f. Non mi piace perché è noioso. *I don't like it because it is boring.*

4 Translate into English

a. walk b. horse riding c. chess d. jogging e. beach f. to go g. i like h. i love i. to play
j. swimming pool k. friends l. home m. relaxing n. tiring

5. Tick all the adjectives

a. rilassante √ b. casa c. stancante √ d. equitazione e. emozionante √ f. passeggio g. divertente √
h. fantastico √

6. Complete with the correct option

a. Mi piace andare a **passeggio** con i miei amici. b. Non mi **piace** giocare a calcio. c. Amo **fare** footing.
d. Mi piace molto fare **nuoto.** e. Mi piace perché è **divertente.** f. **Mi** piace giocare a scacchi.
g. Mi piace **perché** è divertente. h. Mi piace giocare **a** pallacanestro.

7. Complete the table

English	Italiano
friends	*amici*
chess	*scacchi*
basketball	*pallacanestro*
I love	*amo*
because	*perché*
walk	*passeggio*
fishing	*pesca*
to do	*fare*
to play	*giocare*

8. Gapped translation

a. Nel tempo libero mi piace fare escursionismo: ***In my free time*** *I like to go* ***hiking.***
b. Mi piace perché è molto rilassante: *I like it because it is* ***very relaxing*** *.*
c. Mi piace molto fare footing con i miei amici: *I like* ***a lot*** *to go* ***jogging*** *with my friends.*
d. Mi piace perché è molto rilassante: *I* ***like*** *it because it is very* ***relaxing.***
e. Non mi piace giocare a scacchi. È noioso: *I don't like to play* **chess**. *It is* ***boring.***
f. Non mi piace perché stancante: *I* ***don't like*** *it because it is* ***tiring.***
g. Amo andare a pesca perché è divertente: *I love to go* ***fishing*** *because it is* ***fun.***

9. Find the Italian for the words/phrases below

							p	e	r	c	h	è	o
		p	a	s	s	e	g	g	i	o			m
	p		s										s
	i		c										i
	s		a	p	a	l	e	s	t	r	a		n
	c		c	s	t	a	n	c	a	n	t	e	o
	i		c										i
	n		h										s
	a		i	f	a	r	e						r
p	a	l	l	a	c	a	n	e	s	t	r	o	u
				n	o	i	o	s	o				c
		e	m	o	z	i	o	n	a	n	t	e	s
													e

Unit 5. Things I like/dislike: free time: READING

1. Find the Italian for the following in Isabella's text

a. nel tempo libero b. fare shopping c. anche d. giocare a scacchi e. maggiore f. andare in piscina g. rilassante h. che cosa non ti piace...? i. non mi piace per niente j. fare sport k. stancante

2. Complete the statements below based on Carlo's text

a. In my free time I like to do **sport.** b. I like to play **basketball** with my friends.
c. I like to go to the **swimming pool** and the **gym** with my brother and to go **cycling.**
d. At the weekend I enjoy to go **hiking** with my father because it is **exciting.**
e. I don't like at all to **play football** because it is **boring.**

3. Tick or cross?

a. free √
b. video games √
c. ~~female friends~~
d. ~~bike~~
e. ~~shopping centre~~
f. fun √
g. weekend √
h. computer √
i. swimming √
j. ~~jogging~~
k. I don't like √
l. ~~because~~
m. fishing √
n. time √
o. ~~saturday~~
p. ~~walk~~

4. Find someone who...

a. Stefania b. Carlo c. Isabella d. Isabella e. Carlo f. Stefania g. Carlo h. Isabella i. Stefania

Unit 5. Things I like/dislike: free time: WRITING

1. Transl-Anagrams: unjumble the words and translate them into English

a. è divertente – it's fun b. mi piace molto – i like a lot c. è noioso – it's boring
d. giocare a scacchi – to play chess e. fare escursionismo – to go hiking
f. giocare ai videogiochi – to play videogames g. fare nuoto – to go swimming

2. Broken words

a. passegg**io** b. pes**ca** c. a**mo** d. and**are** in spia**ggia** e. escursio**nismo** f. equi**tazione** g. cal**cio** h. pallaca**nestro**

3. Complete the sentences with FARE, ANDARE or GIOCARE as appropriate

a. Mi piace **giocare** a tennis.
b. Mi piace **fare** excursionismo.
c. Mi piace **andare** a passeggio.
d. Mi piace **andare** in spiaggia.
e. Mi piace **fare** nuoto e equitazione.
f. Mi piace **giocare** a calcio.
g. Mi piace molto **fare** footing.
h. Mi piace **giocare** a pallacanestro.
i. Mi piace **andare** a pesca.
j. Amo **giocare** ai videogiochi.

4. Translate into Italian

a. videogiochi b. equitazione c. nuoto d. pesca e. escursionismo f. stancante

5. Translate into Italian

a. mi piace fare excursionismo. b. non mi piace fare nuoto. c. amo giocare ai videogiochi.
d. è stancante e. mi piace andare a pesca.. f. è emozionante.

6. Translate into Italian

a. Amo giocare a pallacanestro con i miei amici. Mi piace perché è divertente.
b. Non mi piace fare escursionismo con la mia famiglia. Non mi piace perché è noioso.
c. Mi piace andare in piscina con i miei amici. È fantastico!
d. Non mi piace andare in spaggia con mio padre e mio fratello. È stancante.
e. Amo andare a passeggio con la mia migliore amica. È molto rilassante.
f. Mi piace molto fare shopping con i miei amici. È emozionante!
g. Non mi piace andare a pesca con la mia famiglia. È noioso.

TERM 1 – BRINGING IT ALL TOGETHER – 5

1. Complete the sentences, based on Marta's text

a. Marta is **10** years old. b. Today she is feeling **great**. c. Carolina is her **older sister.**
d. Carolina is a bit **so-so** today. e. Near her flat there are many **parks.** f. Her dog is very **affectionate.**
g. Andrea is her **best friend.** h. Marta attends a **small** school in the centre of Bellinzona.
i. She likes her school because her teachers are **very good** and **kind.** j. She adores PE but it is a bit **tiring.**
k. Her literature teacher is **fun.** l. In her free time she enjoys going shopping and **walking** with her friends.
m. She also plays videogames with her **older** sister and goes to the **swimming pool** with her **best** friend.

2. Find and correct the 8 mistakes in the below translation of the second last paragraph

I go to Scuola Elementare San Gottardo, a **small** school in the centre of the city of Bellinzona. I like my school because the teachers are very **good** and kind. They aren't **strict**. I love **PE**, but it is a bit **tiring**. My favourite subject is literature because it is very **interesting** and helps me develop my imagination. Also, the teacher is **fun** and always **helps** me.

3. Find the Italian equivalent in the last paragraph

a. tempo libero
b. fare shopping
c. sorella maggiore
d. migliore amica
e. rilassante
f. scacchi
g. noioso
h. emozionante

4. Answer the following questions on Dylan's text (parapgraphs 1 to 4)

a. 16 years old.
b. In the north of Italy.
c. Because he is tired and stressed.
d. His horse is sick.
e. Because it's her best friend's birthday.
f. It's quite big and there are many beaches nearby.
g. Big and strong.
h. In the mountains.
i. It is calm and there is a lake.

5. Complete the following translation of paragraph 5

I attend liceo linguistico Dante Alighieri, a **big** school in the **centre** of Jesolo, near the **lagoon**. In my school we learn in **Italian**, in Spanish, my **mother** tongue and in **English** too. I **love** languages because they are very **useful**.

6. Find the Italian equivalent in paragraphs 6

a. mi piace la mia scuola b. simpatici. c. a volte d. materia e. mi aiuta a capire f. meglio g. il mondo

7. Translate into English the following phrases from paragraph 7

a. in my free time
b. with my friends
c. I like to play
d. it is very fun
e. to read books
f. she likes to play guitar

TERM 1 – BRINGING IT ALL TOGETHER – QUESTION SKILLS

TRANSCRIPTS

1. Fill in the missing words

a. Come ti **chiami**? b. **Come stai** oggi? c. **Quanti** anni hai? d. **Quando** è il tuo compleanno?
e. **Hai** fratelli o sorelle? f. **Come** si **chiama** tuo fratello? g. **Quanti** anni ha?
h. **Quando** è il suo compleanno? i. **Di dove** sei? j. **Dove** vivi? k. **Quali** materie studi?
l. **Quale** ti **piace**? m. **Perché**? n. **Che** cosa ti **piace** fare nel tempo libero?

2. Listen and choose the option that you hear

a. Mi chiamo **Ivano.** b. Oggi sto **benissimo.** c. Ho **sedici** anni. d. Il mio compleanno è il **trenta** settembre.
e. Sì, ho **un fratello** minore. f. Mio **fratello** si chiama Giuseppe. g. Ha **nove** anni.
h. Il suo compleanno è il ventidue **febbraio.** i. **Sono** italiano. j. Vivo a Catania, nel **sud** Italia.
k. Studio **inglese.** l. Non mi piacciono le **scienze.** m. Nel tempo libero mi piace fare **sport.**

3. Listen and write in the missing information

a. **Come** ti chiami? *Mi **chiamo** Paola.*
b. **Come** stai oggi? *Oggi **sto** benissimo.*
c. **Quanti** anni hai? *Ho **sedici** anni.*
d. **Quando** è il tuo compleanno? *Il mio compleanno è il **trenta settembre.***
e. **Hai** fratelli o sorelle? *Si, ho **un fratello** minore.*
f. **Come** si chiama tuo fratello? *Mio fratello si **chiama** Giuseppe.*
g. **Quanti** anni ha? *Ha **nove** anni.*
h. **Quando** è il suo compleanno? *Il suo **compleanno** è il ventidue **febbraio.***
i. **Di dove** sei? *Sono **italiana.***
j. **Dove** vivi? ***Vivo** a Catania, nel **sud** Italia.*
k. **Quali** materie **studi**? ***Studio** le scienze, la **matematica,** la geografia, e l'educazione fisica.*
l. **Quale** non ti piace? Perché? *Non mi **piacciono** le scienze **perché** sono troppo **difficili.***
m. **Ti piace** l'italiano? Perché? *Amo l' **italiano** perché è **facile** e molto **utile** per il futuro.*
n. **Che cosa** ti piace fare nel tempo libero? *Nel **tempo** libero mi piace **fare** sport e andare a **passeggio** con i miei amici.*

ANSWERS

1. Fill in the missing words

a. Come ti **chiami**? b. **Come stai** oggi? c. **Quanti** anni hai? d. **Quando** è il tuo compleanno?
e. **Hai** fratelli o sorelle? f. **Come** si **chiama** tuo fratello? g. **Quanti** anni ha?
h. **Quando** è il suo compleanno? i. **Di dove** sei? j. **Dove** vivi? k. **Quali** materie studi?
l. **Quale** ti **piace**? m. **Perché**? n. **Che** cosa ti **piace** fare nel tempo libero?

2. Listen and choose the option that you hear

a. Mi chiamo **Ivano.** b. Oggi sto **benissimo.** c. Ho **sedici** anni. d. Il mio compleanno è il **trenta** settembre.
e. Sì, ho **un fratello** minore. f. Mio **fratello** si chiama Giuseppe. g. Ha **nove** anni.
h. Il suo compleanno è il ventidue **febbraio.** i. **Sono** italiano. j. Vivo a Catania, nel **sud** Italia.
k. Studio **inglese.** l. Non mi piacciono le **scienze.** m. Nel tempo libero mi piace fare **sport.**

3. Listen and write in the missing information

a. **Come** ti chiami? *Mi **chiamo** Paola.*
b. **Come** stai oggi? *Oggi **sto** benissimo.*
c. **Quanti** anni hai? *Ho **sedici** anni.*
d. **Quando** è il tuo compleanno? *Il mio compleanno è il **trenta settembre.***
e. **Hai** fratelli o sorelle? *Si, ho **un fratello** minore.*
f. **Come** si chiama tuo fratello? *Mio fratello si **chiama** Giuseppe.*
g. **Quanti** anni ha? *Ha **nove** anni.*
h. **Quando** è il suo compleanno? *Il suo **compleanno** è il ventidue **febbraio.***
i. **Di dove** sei? *Sono **italiana.***
j. **Dove** vivi? ***Vivo** a Catania, nel **sud** Italia.*
k. **Quali** materie **studi**? ***Studio** le scienze, la **matematica,** la geografia, e l'educazione fisica.*
l. **Quale** non ti piace? Perché? *Non mi **piacciono** le scienze **perché** sono troppo **difficili.***
m. **Ti piace** l'italiano? Perché? *Amo l' **italiano** perché è **facile** e molto **utile** per il futuro.*
n. **Che cosa** ti piace fare nel tempo libero? *Nel **tempo** libero mi piace **fare** sport e andare a **passeggio** con i miei **amici**.*

4. Fill in the grid with your personal information

Free answers.

5. Survey two of your classmates using the same questions as above

Free answers.

Pyramid Translation - Unit 5 Recap – Free Time

a. Nel mio tempo libero...
b. Nel mio tempo libero amo giocare ai videogiochi...
c. Nel mio tempo libero amo giocare ai videogiochi con i miei amici...
d. Nel mio tempo libero amo giocare ai videogiochi con i miei amici e fare footing nel parco con mio fratello.
e. Nel mio tempo libero amo giocare ai videogiochi con i miei amici e fare footing nel parco con mio fratello. Mi piace anche andare al centro commerciale con mia sorella.
f. Nel mio tempo libero amo giocare ai videogiochi con i miei amici e fare footing nel parco con mio fratello. Mi piace anche andare al centro commerciale con mia sorella. Però, non mi piace andare a pesca. É troppo noioso.

TERM 2

Unit 6. Talking about my family members

TRANSCRIPTS

1. Fill in the blanks

a. Nella mia **famiglia** ci sono **cinque** persone.
b. Mio nonno ha **settant'** anni.
c. Nella **mia** famiglia **ci sono** sei **persone**.
d. Mio **padre** si chiama **Paolo**.
e. Vado d' **accordo** con **mio** fratello **maggiore**.
f. Non **vado** d'accordo con mia **madre**.
g. Vado **molto** d'accordo **con** mio **padre**.

2. Break the flow

a. Ci sono sei persone nella mia famiglia.
b. Vado d'accordo con i miei genitori.
c. Mio nonno ha ottant' anni.
d. Mio zio ha quarant' anni.
e. Mio fratello maggiore si chiama Gianni.
f. Nella mia famiglia ci sono tre persone.
g. Mio padre ha quarantadue anni.

3. Multiple choice quiz: select the correct age

a. Mi chiamo Giacomo e ho **cinquant'** anni.
b. Mi chiamo Silvia e ho **settant'** anni.
c. Mi chiamo Gianni e ho **sessant'** anni.
d. Mi chiamo Pietro e ho **cento** anni.
e. Mi chiamo Marina e ho **trentasei** anni.
f. Mi chiamo Carolina e ho **ottantacinque** anni.
g. Mi chiamo Enrico e ho **settantatrè** anni.
h. Mi chiamo Paolo e ho **settantadue** anni.
i. Mi chiamo Manuela e ho **quarantasette** anni.

4. Spot the intruders: identify the word(s) in each sentence the speaker is NOT saying

a. Nella mia famiglia ci sono sei ~~mila~~ persone.
b. Mio zio Pietro ha quarant'~~un~~ anni.
c. Vado ~~molto~~ d'accordo con i miei genitori.
d. Mio cugino Ian ha ~~come~~ cinquant' anni.
e. I miei nonni ~~materni~~ hanno ottant' anni.
f. ~~Io~~ non vado d'accordo con mio cugino Giulio.

5. Faulty translation: spot the translation errors and correct them

a. Mi chiamo Francesco. Ho **15** anni.
b. Ho i capelli biondi e **corti**.
c. Ho gli occhi **azzurri**.
d. Nella mia famiglia ci sono **5** persone: mio padre, mia madre, mia **sorella**, mio fratello ed io.
e. Mio padre ha **45** anni, mia madre ha **43** anni.
f. Mia sorella ha **19** anni e mio fratello ha **17** anni.
g. I miei **zii** si chiamano Roberta e Raffaele.
h. Mia zia ha **52** anni e mio zio ha **60** anni.
i. I miei nonni materni hanno **90** anni.
j. Mio nonno paterno ha **66** anni.

6. Spot and write in the missing words

a. Ciao **mi** chiamo Christian.
b. Vivo **a** Roma.
c. Ho **un** fratello.
d. Il mio compleanno **è** il venti marzo.
e. Nella mia famiglia **ci sono** cinque persone.
f. C'è mio padre, mia madre, i miei **due** fratelli e io.

g. Io ho trentasette anni. Mia madre ha sessantadue **anni** e mio padre **ha** sessantatrè anni.
h. Mio fratello **maggiore** ha quarant' anni e mio fratello **minore** ha trentacinque anni.
i. Vado **molto** d'accordo **con** i miei genitori.

7. Narrow listening: gapped translation

Mi chiamo Damiano. Sono di **Pescara.** Ho **13** anni. Il mio compleanno è il **30 Gennaio**. Ho i capelli **biondi**, lunghi e **lisci**. Ho gli occhi **azzurri**. Nella mia famiglia ci sono **5** persone: il mio patrigno, mia **madre** e le mie due sorelle. Mia sorella maggiore ha **16** anni. Mia sorella minore ha **11** anni. Vado **molto d'accordo** con i miei genitori. Mio **nonno** materno vive con noi. Ha **85** anni. Vado d'accordo con lui.

8. Listening slalom: follow the speaker from top to bottom and number the boxes accordingly

a. Ciao, mi chiamo **Elena** e ho 16 anni. Il mio compleanno è il 31 dicembre. Mia madre ha 48 anni e mio padre ha 52 anni. Mio nonno ha 76 anni e mia nonna 68 anni.
b. Ciao, mi chiamo **Filippo** e ho 11 anni. Il mio compleanno è il 25 ottobre. Mia madre ha 39 anni e mio padre ha 43 anni. Mio nonno ha 73 anni e mia nonna ha 81 anni.
c. Ciao, mi chiamo **Matilde** e ho 30 anni. Il mio compleanno è il 20 giugno. Mia madre ha 62 anni e mio padre ha 64 anni. Mio nonno ha 75 anni e mia nonna ha 72 anni.
d. Ciao, mi chiamo **Lorenzo** e ho 17 anni. Il mio compleanno è il 15 marzo. Mia madre ha 44 anni e mio padre ha 49 anni. Mio nonno ha 90 anni e mia nonna ha 80 anni.
e. Ciao, mi chiamo **Max** e ho 20 anni. Il mio compleanno è il 7 gennaio. Mia madre ha 50 anni e mio padre ha 53 anni. Mio nonno ha 81 anni e mia nonna ha 79 anni.

9. Narrow listening: listen and fill in the missing details on the grid

a. Mi chiamo **Andrea** e ho 12 anni. Il mio compleanno è il 20 giugno. Ci sono 5 persone nella mia famiglia. Mio fratello minore ha 5 anni e mia sorella maggiore ha 16 anni. Mia madre ha 39 anni e mio padre ha 41 anni.
b. Mi chiamo **Mario** e ho 14 anni. Il mio compleanno è il 14 dicembre. Ci sono 4 persone nella mia famiglia. Mia sorella minore ha 8 anni e mio fratello maggiore ha 18 anni. Mia madre ha 42 anni e mio padre ha 44 anni.
c. Mi chiamo **Sofia** e ho 11 anni. Il mio compleanno è il 15 settembre. Nella mia famiglia ci sono 5 persone. Mio fratello maggiore ha 21 anni e mia sorella minore ha 9 anni. Mia madre ha 43 anni e mio padre ha 46 anni.
d. Mi chiamo **Eugenio** e ho 13 anni. Il mio compleanno è il 9 agosto. Ci sono 5 persone nella mia famiglia. Mio fratello minore ha 9 anni e mio fratello maggiore ha 15 anni. Mia madre ha 39 anni e mio padre ha 40 anni.
e. Mi chiamo **Miriam** e ho 28 anni. Il mio compleanno è il 31 luglio. Ci sono 6 persone nella mia famiglia. I miei due fratelli maggiori hanno 10 e 11 anni e mia sorella maggiore ha 31 anni. Mia madre ha 56 anni e mio padre ha 55 anni.

ANSWERS

Unit 6. Talking about my family members: LISTENING

1. Fill in the blanks

a. Nella mia **famiglia** ci sono **cinque** persone.
b. Mio nonno ha **settant'** anni.
c. Nella **mia** famiglia **ci sono** sei **persone**.
d. Mio **padre** si chiama **Paolo**.
e. Vado d' **accordo** con **mio** fratello **maggiore**.
f. Non **vado** d'accordo con mia **madre**.
g. Vado **molto** d'accordo **con** mio **padre**.

2. Break the flow

a. Ci sono sei persone nella mia famiglia.
b. Vado d'accordo con i miei genitori.
c. Mio nonno ha ottant' anni.
d. Mio zio ha quarant' anni.
e. Mio fratello maggiore si chiama Gianni.
f. Nella mia famiglia ci sono tre persone.
g. Mio padre ha quarantadue anni.

3. Multiple choice quiz: select the correct age

a. 50 b. 70 c. 60 d. 100 e. 36 f. 85 g. 73 h. 72 i. 47

4. Spot the intruders

a. Nella mia famiglia ci sono sei ~~**mila**~~ persone.
b. Mio zio Pietro ha quarant~~**un**~~o anni.
c. Vado ~~**molto**~~ d'accordo con i miei genitori.
d. Mio cugino Ian ha ~~**come**~~ cinquant' anni.
e. I miei nonni ~~**materni**~~ hanno ottant' anni.
f. ~~**Io**~~ non vado d'accordo con mio cugino Giulio.

5. Faulty translation: spot the translation errors and correct them

a. Mi chiamo Francesco. Ho **15** anni.
b. Ho i capelli biondi e **corti**.
c. Ho gli occhi **azzurri**.
d. Nella mia famiglia ci sono **5** persone: mio padre, mia madre, mia **sorella**, mio fratello ed io.
e. Mio padre ha **45** anni, mia madre ha **43** anni.
f. Mia sorella ha **19** anni e mio fratello ha **17** anni.
g. I miei **zii** si chiamano Roberta e Raffaele.
h. Mia zia ha **52** anni e mio zio ha **60** anni.
i. I miei nonni materni hanno **90** anni.
j. Mio nonno paterno ha **66** anni.

6. Spot and write in the missing words

a. Ciao **mi** chiamo Christian.
b. Vivo **a** Roma.
c. Ho **un** fratello.
d. Il mio compleanno **è** il venti marzo.
e. Nella mia famiglia **ci sono** cinque persone.
f. C'è mio padre, mia madre, i miei **due** fratelli e io.
g. Io ho trentasette anni. Mia madre ha **sessantadue** anni e mio padre **ha** sessantatrè anni.
h. Mio fratello **maggiore** ha quarant' anni e mio fratello **minore** ha trentacinque anni.
i. Vado **molto** d'accordo **con** i miei genitori.

7. Narrow listening

My name is Damiano. I am from **Pescara**. I am **13** years old. My birthday is the **30th of January**. I have **blond**, long, and **straight** hair. I have **blue** eyes. In my family there are **5** people: my stepfather, my **mother** and my two sisters. My older sister is **16** years old. My younger sister is **11** years old. I **get on very well** with my parents. My maternal **grandfather** lives with us. He is **85** years old . I get on well with him.

8. Listening slalom: follow the speaker from top to bottom and number the boxes accordingly

a. Elena	b. Filippo	c. Matilde	d. Lorenzo	e. Max
Name: Elena (a)	Name: Filippo (b)	Name: Matilde (c)	Name: Lorenzo (d)	Name: Max (e)
I am 17 (d)	I am 16 (a)	I am 20 (e)	I am 11 (b)	I am 30 (c)
Birthday: 25th Oct (b)	Birthday: 20th June (c)	Birthday: 31st Dec (a)	Birthday: 15th Mar (d)	Birthday: 7th Jan (e)
My mother is 50 (e)	My mother is 48 (a)	My mother is 44 (d)	My mother is 39 (b)	My mother is 62 (c)
My father is 49 (d)	My father is 43 (b)	My father is 53 (e)	My father is 64 (c)	My father is 52 (a)
My grandad is 81 (e)	My grandad is 75 (c)	My grandad is 76 (a)	My grandad is 73 (b)	My grandad is 90 (d)
My grandma is 68 (a)	My grandma is 80 (d)	My grandma is 81 (b)	My grandma is 72 (c)	My grandma is 79 (e)

9. Narrow listening: listen and fill in the missing details on the grid

Name	Age	Birthday	Family size	Older sibling's age	Mother's age	Father's age
Andrea	**12**	20 June	**5**	16	**39**	41
Mario	14	**14 Dec**	4	**18**	**42**	44
Sofia	**11**	15 Sep	**5**	**21**	43	**46**
Eugenio	13	**9 Aug**	5	**15**	39	**40**
Miriam	28	**31 Jul**	**6**	31	**56**	55

Unit 6. Talking about my family + Counting to 100: VOCAB BUILDING

1. Complete with the missing word

a. nella mia **famiglia** c'è b. ci sono **cinque** persone c. mio **nonno** Alfonso d. mio nonno **ha** ottant'anni e. mia **madre** Lina f. lei **ha** cinquant'anni g. vado d'**accordo** con mio fratello

2. Match up

1. sedici - **16** 2. sessantasei – **66** 3. ventuno - **21** 4. dieci – **10** 5. trentatrè – **33** 6. tredici – **13** 7. quarantotto – **48** 8. cinquantadue – **52** 9. cinque – **5** 10. quindici – **15**

3. Translate into English

a. I do not get on well with b. my grandmother Luigina c. my uncle d. there are four people e. in my family f. I get on well with g. my father h. he/she is twenty years old

4. Add the missing letter

a. fami**gl**ia b. z**i**o c. p**e**rsone d. n**o**nno e. frat**e**llo f. mag**g**iore g. ma**d**re h. cugi**n**o i. vado **d**'accordo j. ne**l**la k. tren**t**adue l. nov**a**nta

5. Broken words

a. **Ci** s**ono** **sei** **persone** n**ella** m**ia** famiglia.
b. M**ia** **sorella** ha d**odici** **anni.**
c. N**ella** **mia** **famiglia** c'**è.**
d. Mi**o** **cugino** **si** **chiama.**
e. Mi**o** **padre** ha **quarantasei** a**nni.**
f. N**on** **vado** d'**accordo** **con** m**io** f**ratello** m**aggiore.**
g. V**ado** d'**accordo** **con.**

6. Complete with a suitable word

a. nella mia **famiglia** b. ci **sono** tre persone c. mia sorella **maggiore/minore** d. ha quattordici **anni** e. mia **cugina/madre/zia/sorella** Gina ha trentacinque anni f. **vado** d'accordo con mio padre g. **nella** mia famiglia ci sono. h. non vado d'**accordo** con mia zia i. mio zio **ha** quarantasei anni j. mio **fratello/zio/padre/cugino** ha trentanove anni k. vado d'accordo **con** mio nonno

Unit 6. Talking about my family + Counting to 100: VOCAB DRILLS

1. Match up

nella mia – **in my** famiglia– **family** ci sono – **there are** sette – **seven** persone – **people** vado d'accordo – **I get on well** con – **with**

2. Complete with the missing Word

a. ci **sono** cinque persone b. mio **zio** John ha sessant' anni c. vado **d'accordo** con mia cugina d. **non** vado d'accordo **con** mia zia e. mia zia Anna **ha** quarantasette anni f. lui ha **diciotto** anni g. lei **ha** ventinove anni h. mia **nonna** Luigina ha ottant' anni

3. Translate into English

a. He is 75. b. She is 40. c. My father is 53. d. I don't get on well with my grandfather. e. I get on well with my sister. f. My younger sister is 5. g. There are 6 people in my family. h. Do you get on well with your sister?

4. Complete with the missing letters
a. mio fratello m**agg**iore
b. nella mia fa**mig**lia ci s**ono** tre persone
c. mio cugino h**a** dici**an**nove anni
d. vado molto d'acc**or**do con mio fratello
e. mio z**io** ha quaranta**sei** anni
f. **Vado** molto d'accordo con mi**a** cugin**a**
g. mio cug**ino** ha q**ui**ndici anni
h. vado abbastanza d'accordo con **mia** sorella

5. Translate into Italian
a. nella mia famiglia b. ci sono c. mio padre d. ha quarant'anni e. vado d'accordo con mio fratello

6. Spot and correct the errors
a. nella mi**a** famiglia ci sono tre person**e** b. mia non**n**a Carl c. mio fratello **h**a nove an**n**i
d. vado d'a**c**cordo con mio cugino e. mia cugin**a** ha otto anni f. mia so**r**el**l**a maggior**e** Benedetta

Unit 6. Talking about my family + Counting to 100: TRANSLATION

1. Match up
venti – **20** cinquanta – **50** settanta - **70** trenta – **30** sessanta – **60** novanta - **90** ottanta – **80** quaranta – **40** cento – **100**

2. Write out in Italian
a. 35 – trentacinque b. 63 – **sessantatré** c. 89 – **ottantanove** d. 74 – **settantaquattro** e. 98 – **novantotto**
f. 100 – **cento** g. 82 – **ottantadue** h. 24 – **ventiquattro** i. 17 – **diciassette**

3. Write out with the missing number
a. Io ho **trentadue** anni. b. Mio padre ha **cinquantasette** anni. c. Mia madre ha **quarantotto** anni.
d. Mio nonno ha **cento** anni. e. Noi abbiamo **tredici** anni. f. Loro hanno **novanta** anni.
g. I miei cugini hanno **quarantaquattro** anni. h. Lei ha **settant'** anni?

4. Correct the translation errors
a. My father is forty – mio padre ha ~~quattordici~~ **quarant'** anni
b. My mother is fifty - mia madre ha ~~cinquantadue~~ **cinquanta** anni
c. We are forty-eight – noi abbiamo ~~quarantadue~~ **quarantotto** anni
d. I am forty-two – ho ~~quarantuno~~ **quarantadue** anni
e. They are thirty-four – loro hanno ~~trentadue~~ **trentaquattro** anni

5. Translate into Italian (please write out the numbers in letter)
a. Nella mia famiglia ci sono sei persone.
b. Mia madre si chiama Sara e ha quarantatré anni.
c. Mio padre si chiama Mohamed e ha quarantotto anni.
d. La mia sorella maggiore si chiama Fatima e ha trentuno anni.
e. La mia sorella minore si chiama Carmen e ha diciotto anni.
f. Mi chiamo Ariana e ho ventisette anni.
g. Mio nonno si chiama Antonio e ha ottantasette anni.

Unit 6. Talking about my family + Counting to 100: WRITING

1. Spot and correct the spelling mistakes
a. quaranta b. trentuno c. ottantadue d. ventuno e. novanta f. cento g. settanta h. sedici

2. Complete with the missing letters
a. Mia m**a**dre h**a** quara**n**ta ann**i.** b. Mio pad**r**e h**a** cin**q**uantuno a**n**ni. c. I miei nonni h**a**nno ott**a**nta an**n**i.
d. M**i**a sorel**l**a mino**r**e ha vent' **a**nni. e. **M**ia nonn**a** **h**a sett**a**ntasei a**nni.** f. Mio fr**a**tel**l**o ma**ggi**ore ha venti an**n**i.

3. Rearrange the sentence below in the correct word order

a. Nella mia famiglia ci sono quattro persone.
b. Non vado d'accordo con mio fratello.
c. Mio padre, che si chiama Piero, ha cinquantadue anni.
d. Nella mia famiglia ci sono tre persone: mia madre, mio padre ed io.
e. Mio cugino, che si chiama Ivan, ha trentasette anni.
f. Mio nonno, che si chiama Fernando, ha ottantasette anni.
g. Vado d'accordo con mia madre. Lei ha cinquant' anni.

4. Complete

a. **nella mia famiglia** b. **ci sono** c. **che si chiama** d. **mia madre** e. **mio padre** f. **lui ha cinquant'anni**
g. **io ho sessant'anni** h. **lei ha quarant'anni**

5. Write a relationship sentence for each person as shown in the example

e.g. Paolo: Il mio migliore amico si chiama Paolo e ha quindici anni. Vado molto d'accordo con lui.
Gianfranco: Mio padre si chiama Gianfranco e ha cinquantasette anni. Vado d'accordo con lui.
Lina: Mia madre si chiama Lina e ha quarantacinque anni. Non vado d'accordo con lei.
Rosa: Mia zia si chiama Rosa e ha sessant' anni. Vado abbastanza d'accordo con lei.
Andrew: Mio zio si chiama Andrew e ha sessantasette anni. Non vado d'accordo con lui.
Alfonso: Mio nonno si chiama Alfonso e ha settantacinque anni. Vado molto d'accordo con lui.

TERM 2 – BRINGING IT ALL TOGETHER – 6

1. Find the Italian equivalent in paragraph 1

a. I am from: sono di
b. but: ma
c. I live: vivo
d. today: oggi
e. I feel: sto
f. happy: contenta
g. afterwards: dopo
h. I am going: vado
i. friendly: simpatica
j. gives me: mi dà

2. Complete the statements below about Laura's family based on paragraphs 2 and 3

a. In Laura's family there are **5** people.
b. Her younger sister is called **Martina.**
c. Lilly is their **dog** and she is **white.**
d. Her grandparents are very patient and **nice.**
e. Giuglio loves to **sing** and **play the guitar.**
f. He is **13** years old and is very **funny.**
g. He does not like doing **sport** because he is not **sporty.**

3. Answer the following questions (in English) about paragraph 4

a. On the outskirts. b. It is not very modern and there aren't shops and restaurants nearby. c. Flowers.
d. The garden. e. To skate. f. They both like to skate.

4. Answer the following questions on paragraph 5 (in Italian) as if you were Laura

a. La mia scuola è molto grande.
b. È nel mio quartiere.
c. Perché i professori sono simpatici e divertenti.
d. La professoressa di musica, perché è un po' impaziente.
e. La matematica, perché mi piace risolvere i problemi e ho i miei amici in classe.

5. Arrange the following information in the same order as it occurs in the text

Serena's birthday is on 3rd April.	2
Her grandparents are very kind.	6
Her name is Serena and she is 16.	1
Her brother always helps her.	8
There aren't many restaurants in her area.	10
Serena lives in Ireland.	3
There is a park near her house.	11
Her school is small.	13
Serena gets on well with her mother.	4
In her free time she goes skating.	12
They live in a big house.	9
They have a white dog.	5
Her older brother loves painting.	7

6. Identify the false statements about her school (last paragraph) and correct them

a. Serena's school is **small.** b. Serena **likes** her teachers. c. Serena has **many** friends in the school.
d. Serena doesn't get on well with her **English** teacher. e. Her English teacher always **shouts** at her.
f. Serena likes art. – Correct g. Serena is quite a creative person. – Correct h. She loves to **paint and draw** animals.

7. Circle and translate into English the 5 words on the list below which are found in Serena's text

a. **troppo – too**
b. **vicino – near**
c. lontano
d. per – to
e. gennaio
f. affettuosi – affectionate
g. davanti
h. mai
i. sempre– always

8. The following phrases have been copied incorrectly from Serena's text. Can you fix them?

a. nel tempo lib**e**ro
b. non **mi** piace la mia casa
c. la mia miglior**e** amica
d. la mia **materia preferita**
e. con molti **alberi**
f. ho molti amic**i**
g. mio fratello ma**ggi**ore
h. è molto si**m**patica

Unit 7. Describing hair and eyes

TRANSCRIPTS

1. Fill in the blanks

a. Ho i capelli **rossi**.
b. Mio fratello **ha** i capelli **castani**.
c. Ho **gli** occhi **azzurri**.
d. Antonio **ha** i **capelli** biondi e gli occhi **verdi**.
e. **Mia** sorella **porta** gli occhiali.
f. Ho **i capelli** corti e a **spazzola**.
g. Luca ha gli **occhi** marroni e **porta** la barba.

2. Break the Flow

a. Ho i capelli castani e lisci.
b. Ha gli occhi azzurri e grandi.
c. Ha i capelli castani e di media lunghezza.
d. Ha i capelli castani, lunghi e ricci.
e. Non ha capelli.
f. Ha gli occhi neri e porta gli occhiali.
g. Ha gli occhi marroni e ha i baffi.

3. Arrange in the correct order

Mi chiamo Marcello. - Sono di Foggia, Italia. - Ho dodici anni. - Il mio compleanno è il trenta marzo. - Ho i capelli castani, lisci e corti. - Ho un fratello. - Lui ha quindici anni. - Il suo compleanno è il quattordici marzo. - È biondo ed ha gli occhi verdi.

4. Spot the intruders: identify the word in each sentence the speaker is NOT saying

a. Ho i capelli lunghi.
b. Ho i capelli di media lunghezza.
c. Mio padre ha i capelli corti.
d. Mia madre ha i capelli lunghi.
e. Mio fratello ha i capelli biondi.
f. Mia sorella ha i capelli ricci.

5. Listen, spot and correct the errors

a. **Mi** chiamo Silvia.
b. Ho **diciassette** anni.
c. Sono di **Andria**.
d. ...ma vivo a **Cagliari**.
e. Ho i capelli **castani** e gli occhi marroni.
f. Ho i capelli lunghi e **ricci**.
g. La mia migliore amica, Katia, ha **quattordici** anni.
h. È bella. Ha i capelli biondi, molto lunghi e **ondulati**.
i. Ha gli occhi **azzurri** e porta gli occhiali.

6. Fill in the blanks

a. Ho i capelli a **spazzola**.
b. Ho i capelli **castani**.
c. Ho gli occhi **neri**.
d. Ho i capelli **lunghi**.
e. Ho gli occhi **azzurri**.
f. Non porto gli **occhiali**.
g. Non ho i **baffi**.
h. Non porto la **barba**.
i. Mio padre **ha** i baffi.
j. Mio fratello ha gli occhi **verdi**.

7. Narrow listening: gapped translation

Mi chiamo Gabriella, ho **quindici** anni. Il mio compleanno è il **dodici gennaio.** Nella mia famiglia ci sono **cinque** persone: mio padre, mia madre, le mie due **sorelle** ed io. Mia madre ha i capelli **castani, lunghi** e ricci. Ha gli occhi **azzurri.** Mio padre ha i capelli grigi, **corti** e lisci. Ha gli occhi **marroni.** Le mie due sorelle hanno i capelli **biondi,** lunghi e lisci. Entrambe hanno gli occhi **verdi**. Io ho i capelli castani **corti**. Però, prima li avevo **lunghi**.

8. Fill in the grid

a. Mi chiamo Luigi. Ho dodici anni e il mio compleanno è il tredici agosto. Ho un fratello e una sorella. Sono biondo e ho i capelli lunghi e ricci. Ho gli occhi marroni.
b. Mi chiamo Andrea. Ho quindici anni e il mio compleanno è il 20 giugno. Ho una sorella. Ho i capelli castani, lunghi e ondulati. Ho gli occhi verdi.
c. Mi chiamo Lucia. Ho sedici anni e il mio compleanno è il quindici gennaio. Ho due fratelli. Ho i capelli castani, corti e lisci. Ho gli occhi azzurri.
d. Mi chiamo Eugenio. Ho dieci anni e il mio compleanno è l'otto marzo. Ho tre sorelle. Ho i capelli rossi, corti e a spazzola. Ho gli occhi marroni.
e. Mi chiamo Alice. Ho 14 anni e il mio compleanno è il diciannove maggio. Sono figlia unica. Ho i capelli neri, corti e ricci. Ho gli occhi verdi.

9. Translate the ten sentences you hear into English

a. Ho i capelli castani.
b. Mia sorella è bionda.
c. Mio padre ha i capelli rossi.
d. Mio fratello ha i capelli neri.
e. Mia sorella ha i capelli castani.
f. Ho i capelli rossi.
g. Mio padre ha i capelli lisci.
h. Mia madre ha i capelli lunghi.
i. Mio fratello ha i capelli ondulati.
j. Mia sorella ha i capelli di media lunghezza.

ANSWERS

Unit 7. Describing hair and eyes: LISTENING

1. Fill in the blanks

a. Ho i capelli **rossi**.
b. Mio fratello **ha** i capelli **castani**.
c. Ho **gli** occhi **azzurri**.
d. Antonio **ha** i **capelli** biondi e gli occhi **verdi**.
e. **Mia** sorella **porta** gli occhiali.
f. Ho **i capelli** corti e a **spazzola**.
g. Ho gli **occhi** marroni e **porto** la barba.

2. Break the Flow

a. Ho i capelli castani e lisci.
b. Ha gli occhi azzurri e grandi
c. Ha i capelli castani e di media lunghezza.
d. Ha i capelli castani, lunghi e ricci.
e. Non ha capelli.
f. Ha gli occhi neri e porta gli occhiali.
g. Luca ha gli occhi marroni e porta la barba.

3. Arrange in the correct order

Mi chiamo Marcello. - Sono di Foggia, Italia. - Ho dodici anni. - Il mio compleanno è il trenta marzo. - Ho i capelli castani, lisci e corti. - Ho un fratello. - Lui ha quindici anni. - Il suo compleanno è il quattordici marzo. - È biondo ed ha gli occhi verdi.

4. Spot the intruders: identify the word in each sentence the speaker is NOT saying

a. Ho i capelli ~~molto~~ lunghi.
b. Ho i capelli di media lunghezza. - Correct
c. Mio padre ha i capelli ~~abbastanza~~ corti.
d. Mia madre ~~non~~ ha i capelli lunghi.
e. Mio fratello ~~minore~~ ha i capelli biondi.
f. Mia sorella ha i capelli ~~castani~~ ricci.

5. Listen, spot and correct the errors

a. **Mi** chiamo Silvia.
b. Ho **diciassette** anni.
c. Sono di **Andria**.
d. ...ma vivo a **Cagliari**.
e. Ho i capelli **castani** e gli occhi marroni.
f. Ho i capelli lunghi e **ricci**.
g. La mia migliore amica, Katia, ha **quattordici** anni.
h. È bella. Ha i capelli biondi, molto lunghi e **ondulati**.
i. Ha gli occhi **azzurri** e porta gli occhiali.

6. Fill in the blanks

a. Ho i capelli a **spazzola**.
b. Ho i capelli **castani**.
c. Ho gli occhi **neri**.
d. Ho i capelli **lunghi**.
e. Ho gli occhi **azzurri**.
f. Non porto gli **occhiali**.
g. Non ho i **baffi**.
h. Non porto la **barba**.
i. Mio padre **ha** i baffi.
j. Mio fratello ha gli occhi **verdi**.

7. Narrow listening: gapped translation

My name is Gabriella, I am **fifteen** years old. My birthday is on the **12th** of **January.** In my family there are **five** people: my father, my mother, my two **sisters** and me. My mother has **brown**, **long** and curly hair. She has **blue** eyes. My father has grey, **short** and straight hair. He has **brown** eyes. My two sisters have **blond**, long and straight hair. They both have **green** eyes. I have brown, **short** hair. However, I used to have it **long**.

8. Fill in the grid

Name	Age	Birthday	Siblings	Hair (3 details)	Eyes
a. Luigi	12	**13th August**	one brother, one sister	**blond, long, curly**	brown
b. Andrea	**15**	20th June	**one sister**	brown, long, wavy	**green**
c. Lucia	16	**15th January**	two brothers	**brown, short, straight**	blue
d. Eugenio	**10**	8th March	**three sisters**	red, short, spiky	**brown**
e. Alice	**14**	19th May	**only child**	**black, short, curly**	**green**

9. Translate the ten sentences you hear into English

a. I have brown hair.
b. My sister is blond.
c. My father has red hair.
d. My brother has black hair
e. My sister has brown hair.
f. I have red hair.
g. My father has straight hair.
h. My mother has long hair.
i. My brother has wavy hair.
j. My sister has medium length hair.

UNIT 7. Describing hair and eyes: VOCABULARY BUILDING

1. Complete with the missing word

a. Ho i capelli c**astani.** b. Ho i capelli b**iondi.** c. Porto gli o**cchiali.** d. Ho gli occhi a**zzurri.**
e. Non porto gli o**cchiali.** f. Ho i capelli n**eri.** g. Ho i capelli rossi. h. Ho i capelli di me**dia** lunghe**zza.**

2. Match up

i capelli castani – brown hair **i capelli neri** – black hair **i capelli biondi** – blond hair **gli occhi neri** – black eyes **gli occhiali** – glasses **i baffi** – moustache **gli occhi azzurri** – blue eyes **gli occhi verdi** – green eyes **i capelli corti** – short hair **i capelli lunghi** – long hair **i capelli rossi** – red hair

3. Translate into English

a. curly hair b. blue eyes c. i wear glasses d. blond hair e. green eyes f. red hair g. black eyes
h. dark/black hair

4. Add the missing letter

a. lu**n**ghi b. occ**h**iali c. ca**p**elli d. baf**fi** e. azzu**r**ri f. v**e**rdi g. ric**c**i h. **l**isci i. s**c**uri j. di media lun**gh**ezza k. occhi l. por**t**o

5. Broken words

a. H**o** i **capelli** r**icci.** b. P**orto** gli o**cchiali.** c. H**o** i c**apelli** c**orti.** d. N**on** **ho** i b**affi.** e. H**o** g**li** o**cchi** m**arroni.**
f. H**o** **l**a b**arba.** g. H**o** **otto** **anni.** h. Mi c**hiamo** M**aria.** i. **H**o n**ove** **anni.**

6. Complete with a suitable word

a. Ho dieci **anni.** b. **Ho** la barba. c. Mi **chiamo** Antonio Bianchi. d. Porto gli **occhiali.** e. Ho i **capelli** lisci e corti. f. Ho **i** baffi. g. Ho **gli** occhi marroni. h. Ho **i** capelli neri. i. Non **ho** i baffi.
j. **Ho** i capelli lunghi e ondulati. k. **Mi** chiamo Luca Ferrari. l. Ho **dodici** anni.

UNIT 7. Describing hair and eyes: READING

1. Find the Italian for the following items in Marta's text

a. mi chiamo b. a Napoli c. porto gli occhiali d. il mio compleanno è e. il dieci di f. ho g. lisci
h. parla tedesco i. gli occhi

2. Answer the following questions about Alice's text

a. She is 15 years old. b. in Switzerland. c. Red. d. Wavy and long. e. Italian and French. f. Blue.
g. 16th of December.

3. Complete with the missing words

Ho – a – della – capelli - occhi – Porto – è

4. Find someone who: answer the questions below about all 5 texts

a. Federico b. Federico c. Federico d. 5 people wear glasses e. Yamir, Naima's brother f. Sergio g. Giuseppe
h. Naima

UNIT 7. Describing hair and eyes: TRANSLATION

1. Faulty translation: spot and correct (in the English) any translation mistakes you find below

a. I have ~~black eyes~~ **blond hair** b. ~~He has brown~~ **I have blue** eyes c. ~~He has~~ **I have** a beard d. ~~I am~~ **He is** called Pedro e. ~~I have long~~ **He has crew-cut** hair f. I have ~~coloured~~ **shaved** hair g. ~~He is from~~ **I live in** Rome

2. From Italian to English

a. I have blond hair. b. I have blue eyes. c. I have straight hair. d. He/she wears glasses.
e. I have a moustache and a beard. f. I wear sunglasses. g. I don't have a beard. h. I have spiky hair.
i. I have wavy hair.

3. Phrase-level translation

a. i capelli biondi b. mi chiamo c. ho d. gli occhi azzurri. e. i capelli lisci f. lui ha g. dieci anni
h. ho gli occhi neri i. ho nove anni j. gli occhi marroni k. i capelli neri

4. Sentence-level translation

a. Mi chiamo Mark. Ho dieci anni. Ho i capelli neri e ricci e gli occhi azzurri.
b. Ho dodici anni. Ho gli occhi verdi e i capelli biondi e lisci.
c. Mi chiamo Jessica. Vivo a Milano. Ho i capelli lunghi e biondi e gli occhi marroni.
d. Mi chiamo Pietro. Vivo a Roma. Ho i capelli neri, corti e a spazzola.
e. Ho quindici anni. Ho i capelli neri, lunghi e ricci e gli occhi verdi.
f. Ho tredici anni. Ho i capelli rossi, lisci e lunghi e gli occhi marroni.

UNIT 7. Describing hair and eyes: WRITING

1. Split sentences

a. ho i capelli – **biondi** b. ho la – **barba** c. ho gli - **occhi verdi** d. ho i - **capelli neri**
e. ho i capelli biondi - **e ricci** f. mi chiamo - **Marta** g. ho dieci - **anni**

2. Rewrite the sentences in the correct order

a. ho i capelli ricci b. non ho la barba c. mi chiamo Riccardo d. ho i capelli rossi
e. mio fratello si chiama paolo f. ho gli occhi verdi

3. Spot and correct the grammar and spelling errors

a. ho i capelli ner**i** b. mio fratello **s**i chiam**a** Antonio c. ho **i** capelli ricci d. **m**i chiamo Nadia / si chiam**a** Nadia
e. **h**o **q**uattordici anni f. ho **i** capell**i** lisci g. ho **gli** occhi verd**i** h. **h**o la barba i. porto **g**li oc**c**hiali
j. **non** ho **i** baffi

4. Anagrams

a. capelli b. barba c. occhi d. anni e. azzurri f. biondi g. neri h. ricci i. rossi

5. Guided writing – write 4 short paragraphs in the first person singular ['I'] each describing the people below

Mi chiamo Peter e ho dodici anni, ho i capelli marroni, lunghi e ricci. Ho gli occhi verdi, porto gli occhiali, non ho la barba ma ho i baffi.
Mi chiamo Carla e ho undici anni, ho i capelli biondi, corti e lisci. Ho gli occhi azzurri, non porto gli occhiali, non ho la barba e non ho i baffi.
Mi chiamo Igor e ho dieci anni, ho i capelli rossi e ondulati di media lunghezza. Ho gli occhi neri, porto gli occhiali, ho la barba ma non ho i baffi.

6. Describe this person in the third person

Si chiama Cristian e ha quindici anni. Ha i capelli neri, ricci e molto corti. Ha gli occhi marroni, non porta gli occhiali ma ha la barba.

TERM 2 - BRINGING IT ALL TOGETHER - 7

1. Complete the following translation of the first paragraph

My name is Angela and I am **18** years old. My birthday is on the **25th of** July. I am **from** Ischia. I live here with my **family** and my **cat**, Lord Whiskers. Today I am very **happy** because it is my **cat's birthday**. Later I am going to go to **the beach** with my **parents** and my **brother** Carlo. I love **swimming** in the **sea** with him.

2. Answer (in English) the questions below on paragraphs 2, 3 and 4

a. Angela's mother. b. Messer Baffo (Lord Whiskers). c. The dad, Luca. d. Messer Baffo (Lord Whiskers), the cat. e. The younger sister, Rosa. f. Her chemistry teacher. g. She thinks it's not useful.

3. Find the 9 mistakes in the following translation of paragraph 5

I live with my family and **Lord** Whiskers (the **cat** is part of the family) in a small flat in a quite **modern** building on the **coast**. I adore my flat because it's **clean** and I have a lot of **books** in my bedroom. There are many beautiful **beaches** in Ischia. I **always** go to the beach by bike with my best friend, Simona. My favourite **beach** is called Citara..

4. Find the Italian equivalent for the items below in paragraphs 5 & 6

a. un appartamento piccolo
b. ho molti libri
c. ci sono molte...
d. spiagge carine
e. la mia spiaggia preferita
f. mi piace rilassarmi
g. mi piace uscire
h. in centro
i. adoro il cibo locale
j. il mio piatto preferito

Unit 8. Describing myself and another family member

TRANSCRIPTS

1. Multiple choice quiz: select which adjective you hear

a. Mio padre è generoso. b. Mia sorella maggiore è divertente. c. Mia madre è intelligente.
d. Mia sorella minore è bella. e. Mio cugino Paolo è forte. f. Mio fratello non è brutto
g. Mia cugina Marta è noiosa. h. Mio nonno è un po' antipatico. i. Mia nonna è divertente.
j. Il mio ragazzo è muscoloso.

2. Split sentences: listen and match

a. Il mio amico Giacomo è molto cattivo b. La mia amica Silvia è alta c. Gianni è divertente
d. Mio fratello Pietro è basso e. La mia amica Marina è muscolosa f. Mia cugina Corinna non è brutta
g. Il mio amico Enrico è forte h. Il mio amico Paolo è testardo i. Mia sorella Paola è un po' noiosa
j. Il mio amico Manuele è bello

3. Spot the intruders: identify the word in each sentence the speaker is NOT saying

a. Mio fratello è bello. b. Mio zio ha quarantun'anni. È abbastanza divertente.
c. Vado molto d'accordo con mio padre perché è generoso. d. Mio cugino Ian non è alto.
e. Mio padre è alto. f. Mia cugina è chiacchierona g. Io sono muscoloso e forte.

4. Spot the differences and correct your text

a. Mia **madre** è molto paziente.
b. Mia madre è molto **diligente**.
c. Nella mia famiglia ci sono cinque persone: mia madre, il mio **patrigno**, i miei due fratelli ed io.
d. Come **sei**?
e. Mio zio ha **settant'** anni ma è molto **forte**.
f. Non vado d'accordo con i miei genitori, specialmente mia madre perché è molto **severa**.
g. Nella mia famiglia siamo tutti **alti**.

5. Categories: listen to the words below and classify them in positive and negative

a. intelligente b. generoso c. simpatico d. antipatico e. buono
f. cattivo g. noioso h. divertente i. chiacchierone j. diligente

6. Faulty translation: spot and correct the translation errors

a. Mi chiamo Luciana. Ho 14 anni. Ho i capelli biondi e gli occhi verdi. Sono bassa, muscolosa e molto bella. Sono simpatica, chiacchierona e abbastanza divertente.
b. Mia madre si chiama Paola. Ha 45 anni. È alta, magra e molto bella. È generosa però un po' severa.
c. Mio padre si chiama Roberto. Ha 53 anni. Non è ne alto ne basso. È molto generoso, simpatico e paziente.
d. Mia sorella si chiama Carmela. Ha 16 anni. È abbastanza alta e bella, ma a volte è un po' antipatica e testarda. È anche abbastanza impaziente e pigra.
e. Ho anche un cane. È molto brutto, ma è divertente.

7. Listen and complete with the correct masculine or feminine ending

a. È molto simpatic**A**.
b. Sono molto testard**O**.
c. Mia madre e mio padre sono molto alt**I**.
d. Sono bass**O** e pazient**E**.
e. Come sei simpatic**A**!
f. Come sono cattiv**I**!
g. Le mi**E** sorell**E** sono molto diligent**I**
h. Come siete divertent**I**!

8. Listening slalom: follow the speaker from top to bottom and number the boxes accordingly

a. Mi chiamo Nina. Ho 17 anni e sono alta e magra. Mio fratello minore è alto e forte. Vado d'accordo con lui perché è paziente e tranquillo. Inoltre, è generoso e simpatico.
b. Mi chiamo Manuela e ho 15 anni. Non sono ne alta ne bassa. Mio fratello minore è basso e magro. Vado molto d'accordo con lui perché è affettuoso e positivo. Inoltre, è molto divertente.
c. Mi chiamo Giovanni ed ho 13 anni. Sono basso e magro. Mia sorella maggiore è bassa e molto bella. Mi piace perché è generosa e divertente.
d. Mi chiamo Anna e ho 12 anni. Non sono molto alta. Mia sorella maggiore è bassa e magra. Mi piace molto perché è divertente e gentile.

9. Narrow listening: fill in the grid

a. Mi chiamo Felice. Il mio cane si chiama Gianfranco ed ha 8 anni. Il suo compleanno è il 20 giugno. È pigro e brutto!
b. Mi chiamo Andrea. Mia sorella maggiore si chiama Lucia e ha 17 anni. Il suo compleanno è il 30 dicembre. È noiosa ma bella.
c. Mi chiamo Eugenio. La mia tartaruga si chiama Marta e ha 19 anni. Il suo compleanno è il 22 aprile. È cattiva e grassa.
d. Mi chiamo Melania. Mia sorella maggiore si chiama Carla e ha 21 anni. Il suo compleanno è l'uno (il primo) gennaio. È divertente e alta.

ANSWERS

Unit 8. Describing myself and other family members: LISTENING

1. Multiple choice quiz: select which adjective you hear

a. Mio padre è generoso. b. Mia sorella maggiore è divertente. c. Mia madre è intelligente.
d. Mia sorella minore è bella. e. Mio cugino Paolo è forte. f. Mio fratello non è brutto.
g. Mia cugina Marta è noiosa. h. Mio nonno è un po' antipatico. i. Mia nonna è divertente.
j. Il mio ragazzo è muscoloso.

2. Split sentences: listen and match

a. Giacomo – Mean b. Silvia – Tall c. Gianni – Funny d. Pietro – Short
e. Marina – Muscly f. Corinna – Ugly g. Enrico – Strong h. Paolo – Stubborn
i. Paola – Boring j. Manuele – Handsome

3. Spot the intruders: identify the word in each sentence the speaker is NOT saying

a. Mio fratello è ~~**molto**~~ bello. b. Mio zio ~~**Pietro**~~ ha quarantun anni. È abbastanza divertente.
c. Vado molto d'accordo con mio padre perché è ~~**paziente e**~~ generoso. d. Mio cugino Ian non è ~~**molto**~~ alto.
e. Mio padre ~~**non**~~ è alto. f. Mia cugina è ~~**troppo**~~ chiacchierona. g. Io sono ~~**alto**~~ muscoloso e forte.

4. Spot the differences and correct your text

a. Mia **madre** è molto paziente.
b. Mia madre è molto **diligente**.
c. Nella mia famiglia ci sono cinque persone: mia madre, il mio **patrigno**, i miei due fratelli ed io.
d. Come **sei**?
e. Mio zio ha **settant'** anni ma è molto **forte**.
f. Non vado d'accordo con i miei gentori, specialmente mia madre perché è molto **severa**.
g. Nella mia famiglia siamo tutti **alti**.

5. Categories: listen to the words below and classify them in positive and negative

AGGETTIVI POSITIVI	AGGETTIVI NEGATIVI
intelligente generoso simpatico buono divertente diligente	antipatico cattivo chiacchierone noioso

6. Faulty translation: spot and correct the translation errors

a. My name is Luciana. I am **14** years old. I have **blond** hair and green eyes. I am **short**, muscly and **very** good-looking. I am nice, chatty and quite **funny**.
b. My mother is called Paola. She is **45** years old. She is **tall**, slim and very **pretty**. She is generous but a bit **strict**.
c. My father is called Roberto. He is **53** years old. He is neither tall nor short. He is very generous, **nice** and **patient**.
d. My sister is called Carmela. She is **16**. She is quite tall and **pretty**, but sometimes she is a bit mean and **stubborn**. She is also quite **impatient** and lazy.
e. I also have a **dog**. It is very **ugly**, but it is funny.

7. Listen and complete with the correct masculine or feminine ending

a. È molto simpatic**A**.
b. Sono molto testard**O**.
c. Mia madre e mio padre sono molto alt**I**.
d. Sono bass**A** e pazient**E**.
e. Come sei simpatic**A**!
f. Come sono cattiv**I**!
g. Le mi**E** sorell**E** sono molto diligent**I**
h. Come siete divertent**I**!

8. Listening slalom: follow the speaker from top to bottom and number the boxes accordingly

a. Nina	b. Manuela	c. Giovanni	d. Anna
a. My name is Nina	b. My name is Manuela	c. My name is Giovanni	d. My name is Anna
b. I am 15 years old	a. I am 17 years old	c. I am 13 years old	d. I am 12 years old
a. I am tall and slim	b. I am neither tall nor short	d. I am not very tall	c. I am short and slim
d. My older sister is short and slim	c. My older sister is short and very pretty	b. My younger brother is short and slim	a. My younger brother is tall and strong
c. I like her	b. I get on very well with him	a. I get on well with him	d. I like her a lot
b. because he is nice and positive	c. because she is generous	d. because she is funny	a. because he is patient and calm. Also
d. and kind.	b. Also, he is very funny.	a. Also, he is very generous and kind.	c. and funny.

9. Narrow listening: fill in the grid

Name	Name of older sibling or pets	Age of older sibling or pets	Birthday of older sibling or pets	Character of older sibling or pets	Appearance of older sibling or pets
a. Felice	Gianfranco	8	20th June	Lazy	Ugly
b. Andrea	Lucia	17	30th December	Boring	Pretty
c. Eugenio	Marta	19	22nd April	Mean	Fat
d. Melania	Carla	21	1st January	Funny	Tall

Unit 8. Describing my family: VOCABULARY BUILDING

1. Complete with the missing word

a. nella mia famiglia siamo in... b. ci sono cinque persone c. mia madre giulia è...
d. vado d'accordo con mio... e. non vado d'accordo... f. ...con mio nonno g. mio zio è molto educato
h. mia zia è molto simpatica

2. Match up

forte – strong simpatica – nice intelligente – intelligent bravo – good chiacchierone – chatty
divertente – funny generoso– generous gentile – kind educato – polite noioso – boring bella - pretty

3. Translate into English

a. I like my uncle b. ...because he is generous c. he is very sporty d. I get on well with...
e. I don't like my aunt... f. ...because she is bad and strict. g. I am kind h. my grandfather is chatty

4. Add the missing letter

a. gent**i**le b. pers**o**ne c. **s**impatico d. n**o**ioso e. **c**ugino f. di**v**ertente g. d'ac**c**ordo h. anti**p**atico i. ci s**o**no j. m**o**lto k. mi pi**a**ce l. perché

5. Broken words

a. N**ella** m**ia** fam**iglia** ci s**ono...** b. ...q**uattro** p**ersone.** c. M**ia** m**adre** è m**olto** s**impatica.** d. V**ado** d'**accordo** c**on...** e. M**io** z**io** è m**olto** g**eneroso.** f. L**a** m**ia** f**amiglia** è c**omposta** da... g. M**ia** s**orella** h**a** i c**apelli** l**unghi.** h. M**io** p**adre** è a**bbastanza** inteligente.

6. Complete with a suitable word

a. ci sono quattro **persone.** b. **è** simpatica. c. **vado** d'accordo. d. è molto **bella.** e. ha i **capelli** biondi.
f. **mi** piace mia madre. g. vado **d'accordo** con mia nonna. h. ...perché è **simpatica** e buona.
i. ha gli **occhi** blu e grandi. j. mio cugino è **molto** divertente. k. mia **sorella** è intelligente.
l. mio nonno ha settant' **anni.**

Unit 8. Describing my family: READING

1. Find the Italian in Malika's text

a. mi chiamo b. nel sud c. mio nonno d. ma e. molto f. mio padre g. gli occhi marroni. h. I capelli rasati

2. Answer the following questions about Carlo's text

a. 10 years old. b. Milano. c. His uncle. d. Because he is funny and friendly. e. His aunt.
f. She has blond curly hair and blue eyes.

3. Complete with the missing words

ho – a – sono – con – è – e – ha - gli

4. Find someone who...

a. Vasile b. Manolo c. Aunt Maria d. Malika e. Alice f. Malika's father g. Ian`

Unit 8. Describing my family: TRANSLATION

1. Faulty translation: spot and correct any translation mistakes (in the English) you find below

a. In my family I have **four** people. b. My mother Lina **and my sister** Katia
c. I get on very **badly** with my father d. My uncle has a **beard** e. Ivan is very **friendly** and **kind**

2. From Italian to English

a. I like my grandfather. b. My grandmother is very good. c. My cousin has crew-cut hair. d. I get on well with my older brother. e. I get on badly with my cousin because she is boring and chatty. f. I like my uncle because he is generous. g. My father is nice and funny. h. my younger brother is sporty and kind. i. I get along badly with my cousin Luca because he is stupid and bad.

3. Phrase-level translation

a. è simpatico b. è generosa c. vado d'accordo con… d. non vado d'accordo con… e. mio zio è divertente f. mio fratello minore g. mi piace mia cugina Daniela h. lei ha i capelli corti e neri i. lui ha gli occhi azzurri j. non mi piace mio nonno k. è molto testardo l. …perché è generosa

4. Sentence-level translation

a. Mi chiamo Federico Bellini. Ho nove anni. Nella mia famiglia ci sono quattro persone.
b. Mi chiamo Carla, ho gli occhi azzurri. Vado d'accordo con mio fratello.
c. Non mi piace Bowser perché è testardo e stupido.
d. Mi chiamo Peter. Vivo in Scozia. Mi piace mio zio David perché è gentile.
e. Non vado d'accordo con mia zia perché è noiosa e chiacchierona.
f. Nella mia famiglia siamo in cinque. Mi piace mio padre perché è simpatico ed educato.

Unit 8. Describing my family: WRITING

1. Split sentences

Mio padre è **simpatico** Mia madre è **generosa** Ha gli **occhi neri** Ha i **capelli neri**
Non mi piace **mio zio** Mi piace molto **mia zia** Vado **d'accordo con**

2. Rewrite the sentences in the correct order

a. Nella mia famiglia ci sono sei persone. b. Vado d'accordo con mio fratello. c. Mio zio è alto e magro. d. Mia madre ha gli occhi azzurri. e. Mia zia è simpatica e chiacchierona.

3. Spot and correct the grammar and spelling errors

a. nella mia fami**gl**ia c**i** sono b. vado d'a**c**cordo con c. no**n** mi piace mi**a** zia d. mia sorella **è** bell**a** e. non **vado** d'accordo con f. mio padre **è** generos**o** g. ho gli occhi a**z**zurri h. mio fratell**o** **è** gentile i. h**o** **i** capell**i** corti e ricci j. io **sono** simpatica

4. Anagrams

a. famiglia b. antipatica c. educato d. bella e. intelligente f. simpatica g. sportivo h. divertente

5. Guided writing – write 3 short paragraphs describing the people below in the first person

Mi chiamo Piero e ho dodici anni, nella mia famiglia ci sono quattro persone. Mia madre ha gli occhi marroni e i capelli lunghi e biondi. Mi piace mio fratello maggiore perché è divertente. Non mi piace mia cugina Gemma perché è antipatica.

Mi chiamo Leo e ho undici anni. Nella mia famiglia ci sono cinque persone. Mio padre ha gli occhi verdi e i capelli corti e neri. Mi piace mia nonna perché è molto generosa. Non mi piace mio zio Emilio perché è testardo.

Mi chiamo Mike e ho dieci anni, la mia famiglia è composta da tre persone. Mio nonno ha gli occhi blu e i capelli molto corti e grigi. Mi piace mia sorella minore perché è educata e gentile. Non mi piace mia zia Carolina perché è molto forte ma chiacchierona.

6. Describe this person in the third person:

Zio Antonio ha i capelli biondi rasati. Ha gli occhi blu. Vado d'accordo con lui. È alto e forte, è simpatico, divertente e generoso.

TERM 2 - BRINGING IT ALL TOGETHER - 8

1. Complete the following translation of the first paragraph

My name is Liliana and I am **15** years old. My birthday is on **18th** March. I am from Berlin, the **capital** of Germany. I live here with my family. Today I am very **happy**. I am **excited** because later I am **going to go to the park** with my **best friend**, Dylan. My friend Dylan is very tall and **funny**. I adore going **jogging** with him.

2. Answer (in English) the questions below on paragraphs 2, 3 and 4

a. 5. b. Sofia. c. 75. d. He paints and plays basketball. e. Marco. f. Liliana's younger sister.
g. She dislikes science because it's boring.

3. Find the 8 mistakes in the following translation of paragraph 5

My family and I live in a flat in a modern building in the **outskirts** of Berlin. I **adore** my flat because it is **bright** and **quiet**. There is **park** nearby where I like to **ride the bike**. My best friend is called Lisa and she, too, likes to **ride the bike** with me. We have a lot of fun **together**.

4. Find the Italian equivalent for the items below in paragraphs 6 and 7

a. una scuola piccola
b. abbastanza severi
c. imparo molto
d. ho molti amici
e. adoro leggere
f. nel tempo libero
g. nuovi posti
h. aria aperta
i. adoro il gelato
j. fragola

5. Spot and circle the 8 differences between the text below and the text in paragraph 1

Mi chiamo Sofia ed ho **quattordici** anni. Il mio compleanno è il **ventitré giugno**. Sono di Roma, la capitale **italiana**. Vivo qui con la mia **famiglia**. Oggi sono molto **contenta**. Sono felice perché dopo vado al **museo** con la mia migliore amica, Laura. La mia amica Laura è molto estroversa e divertente. **Adoro fare sport** con lei.

6. Answer the following questions about paragraphs 1, 2 and 3

a. She is feeling happy because she is going to the museum with her best friend. b. Sport. c. Sofia's cat.
d. Sofia's grandmother. e. To play guitar and play football. f. Blue eyes, short hair, strong, funny, sociable.

7. Complete the following translation of paragraph 4

My **cousin** Alba is very **sporty**. She has **green** eyes and long **curly** hair. She is very intelligent and **hard-working**. At school, her favourite **subject** is geography because she says that the teacher is **very good** and that she **learns** a lot in lessons. She **doesn't like** art because she says it **isn't very useful**.

8. Identify and correct any inaccurate statement: paragraphs 5 to 7

a. They live in a **small** flat **in the centre of** Rome. b. Her flat is **old.** c. She goes jogging every **weekend.**
d. Her teachers are **very intelligent and always help her.** d. She learns a lot in her history lessons. - Correct
e. She enjoys going to the swimming pool with her **family.**

Unit 9. Comparing people's appearance and personality

TRANSCRIPTS

1. Multiple choice quiz: select the correct adjective

a. Mi chiamo Alex e sono alto.
b. Mi chiamo Rosa e sono bassa.
c. Sono Paolo e sono rumoroso.
d. Sono Franco e sono bello.
e. Mi chiamo Ada e sono pigra.
f. Mi chiamo Peppe e sono antipatico.
g. Mi chiamo Marta e sono forte.
h. Sono Samuele e sono simpatico.
i. Sono Teo e sono serio.
j. Mi chiamo Lea e sono diligente.

2. Listening for detail: did you hear the masculine or the feminine form?

a. noiosa
b. simpatica
c. pigra
d. rumoroso
e. tranquilla
f. alto
g. simpatico
h. seria
i. magro

3. Complete with 'piú…di, 'meno…di or 'tanto…quanto' as shown in the example

a. Mio fratello è **meno** sportivo **di** me.
b. Il mio gatto è tranquillo **quanto** il mio cane.
c. Io sono **più** forte **di** mio cugino.
d. Mio nonno è **meno** vecchio **di** mia nonna.
e. Il mio migliore amico è basso **quanto** me.
f. Mio zio è **più** grasso **di** mio padre.
g. Mio cugino Ian è bello **quanto** mio cugino Max.

4. Listen and fill in the middle column with the missing information in English

a. Mi chiamo Silvia e sono bassa quanto Alfonso.
b. Mi chiamo Alfio e sono più divertente di Diego.
c. Mi chiamo Michele e sono più simpatico di Giacomo.
d. Sono Matilde e sono meno chiacchierona di Gabriele.
e. Sono Cornelia e sono più pigra di Paola.
f. Mi chiamo Giulio e sono più diligente di Iolanda.
g. Mi chiamo Filippo e sono più affettuoso di Giorgio.
h. Sono Dylan e sono sciocco quanto Samuele.
i. Sono Veronica e sono meno sportiva di Sergio.

5. Spot the differences and correct your text

a. Io sono più alto di mi**o padre**.
b. Mio **fratello** è pigro quanto me.
c. Il mio migliore amico è **meno** diligente di me.
d. Mia sorella è bella **quanto** mia madre.
e. Il mio cane è più rumoroso del mio **gatto**.
f. Mio nonno è **più** serio di mia sorella.
g. Mia madre è **più** sportiva **di** mio fratello.

6. Listen, spot and correct the errors

a. Mia madre è più alta **di** me.
b. Mio fratello maggiore **è** più forte di mio fratello minore.
c. Mio padre è più diligente di **me.**
d. Mio nonno è più **vecchio** di mia nonna.
e. I miei zii sono **molto** più vecchi dei miei genitori.
f. I miei nonni materni sono **vecchi** quanto i miei **nonni paterni.**
g. Io sono più magra **dei** miei genitori.
h. I miei cugini **sono** più ricchi di **noi.**

7. Listen and complete the translation

a. Mio padre è più alto di me.
b. Mia madre è bella quanto me.
c. Mio fratello maggiore è più muscoloso di me.
d. Mio fratello minore è più magro di me.
e. Mia sorella è più diligente di me.
f. Mio zio è più basso di me.
g. Mia nonna è più chiacchierona di me.
h. Il mio migliore amico è meno serio di me.
i. La mia ragazza è più divertente di me.
j. Il mio cane è tranquillo quanto me.

8. Answer the questions below about Enzo

Ciao, sono Enzo. Ho **quindici** anni e vivo a **Cuneo.** Ci sono **cinque** persone nella mia famiglia. Mio fratello Paolo è più **magro** e **sportivo** di mio fratello Giulio. Però, Giulio è più **alto** e **forte** di Paolo. Preferisco mio padre perché è **meno severo** di mia madre. Io sono **simpatico** quanto mia madre. Ho molti animali in casa ma il mio **pappagallo** è il più chiacchierone.

9. Listening slalom: follow the speaker from top to bottom and number the boxes accordingly

a. Mio padre è più chiacchierone di mia madre, è tanto alto quanto mio fratello minore e più simpatico di mio fratello maggiore.
b. Mia zia è diligente quanto mio zio, sportiva quanto me e divertente quanto mia cugina.
c. Mia madre è affettuosa quanto mio padre, tanto pigra quanto mia sorella maggiore e un po' più intelligente di sua sorella.
d. La mia amica è meno diligente di mio fratello, meno generosa di mia sorella e più noiosa del mio pesce rosso.

ANSWERS

Unit 9. Comparing people: LISTENING

1. Multiple choice quiz: select the correct adjective

Alex: tall **Rosa**: short **Paolo**: noisy **Franco**: good-looking **Ada**: lazy
Peppe:mean **Marta**: strong **Samuele**: friendly **Teo**: serious **Lea**:hardworking

2. Listening for detail: did you hear the masculine or the feminine form?

MASCULINE	FEMININE
a. noioso	**noiosa**
b. simpatico	**simpatica**
c. pigro	**pigra**
d. **rumoroso**	rumorosa
e. tranquillo	**tranquilla**
f. **alto**	alta
g. **simpatico**	simpatica
h. serio	**seria**
i. **magro**	magra

3. Complete with 'piú...di, 'meno...di or 'tanto...quanto' as shown in the example

a. Mio fratello è **meno** sportivo **di** me.
b. Il mio gatto è tranquillo **quanto** il mio cane.
c. Io sono **più** forte **di** mio cugino.
d. Mio nonno è **meno** vecchio **di** mia nonna.
e. Il mio migliore amico è basso **quanto** me.
f. Mio zio è **più** grasso **di** mio padre.
g. Mio cugino Ian è bello **quanto** mio cugino Max.

4. Listen and fill in the middle column with the missing information in English

a. Silvia	is as short as	Alfonso
b. Alfio	is funnier than	Diego
c. Michele	is friendlier than	Giacomo
d. Matilde	is less talkative than	Gabriele
e. Cornelia	is lazier than	Paola
f. Giulio	is more hard-working than	Iolanda
g. Filippo	is more affectionate than	Giorgio
h. Dylan	is as silly as	Samuele
i. Veronica	is less sporty than	Sergio

5. Spot the differences and correct your text

a. Io sono più alto di mi**o padre**.
b. Mio **fratello** è pigro quanto me.
c. Il mio migliore amico è **meno** diligente di me.
d. Mia sorella è bella **quanto** mia madre.
e. Il mio cane è più rumoroso del mio **gatto**.
f. Mia sorella è **più** vecchia di mio nonno.
g. Mia madre è **più** sportiva **di** mio fratello.

6. Listen, spot and correct the errors

a. Mia madre è più alta **di** me.
b. Mio fratello maggiore **è** più forte di mio fratello minore.
c. Mio padre è più diligente di **me.**
d. Mio nonno è più **vecchio** di mia nonna.
e. I miei zii sono **molto** più vecchi dei miei genitori.
f. I miei nonni materni sono **vecchi** quanto i miei **nonni paterni.**
g. Io sono più magra **dei** miei genitori.
h. I miei cugini **sono** più ricchi di **noi.**

7. Listen and complete the translation

a. **My father is** taller than me.
b. **My mother is** as good-looking as me.
c. **My older brother is** more muscular than me.
d. **My younger brother is** skinnier than me.
e. **My sister is** more hardworking than me.
f. **My uncle is** shorter than me.
g. **My grandma is** more talkative than me.
h. **My best friend is** less serious than me.
i. **My girlfriend is** funnier than me.
j. **My dog is** as calm as me.

8. Answer the questions below about Enzo

a. How old is he? **15.**
b. Where does he live? **Cuneo.**
c. How many people are there in the family? **Five.**
d. Paolo is **slimmer** and **sportier** than Giulio.
e. Giulio is **taller** and **stronger** than Paolo.
f. Why does he prefer his father? **He is less strict.**
g. He is as **nice** as his mother.
h. Which of his pets is the most talkative? **The parrot.**

9. Listening slalom: follow the speaker from top to bottom and number the boxes accordingly

a	b	c	d
My father is more (a)	My aunt is as (b)	My mother is as (c)	My friend is (d)
affectionate as my father, (c)	**talkative than my mother, (a)**	less hard–working than my brother, (d)	hard–working as my uncle, (b)
as sporty as (b)	as lazy as (c)	**as tall as (a)**	less generous than (d)
my sister (d)	me (b)	my older sister (c)	**my younger brother (a)**
and a bit more (c)	and more (d)	**and nicer (a)**	and as (b)
boring (d)	**than (a)**	funny (b)	intelligent than (c)
as my cousin. (b)	her sister. (c)	than my goldfish. (d)	**my older brother. (a)**

Unit 9. Comparing people: VOCABULARY BUILDING

1. Complete with the missing word

a. Mio padre è più alto **di** mio fratello maggiore. b. Mia madre è **meno** chiacchierona di mia **zia.**
c. Mio **nonno** è più basso di **mio** padre. d. I miei cugini sono più **pigri** di **noi.**
e. Il mio cane **è** più **rumoroso** del mio **gatto.** f. Mia zia è **meno** bella di **mia** madre.
g. Mio **fratello** è più **diligente** di me. h. Il mio maestro **è** più **chiacchierone** del mio pesce.
i. Mio fratello minore è alto **quanto** me.

2. Translate into English

a. my cousins are b. more affectionate c. less nice d. more hard-working e. than my sister f. as strong as
g. he is more good-looking h. than my best friend i. I'm less tall j. he is older k. we are more clever
l. as my uncle

3. Spot and correct any English translation mistakes

a. He is taller than ~~you~~ **me.**
b. He is as ~~good-looking~~ **serious** as me.
c. He is less quiet than ~~me~~ **his sisters.**
d. I am ~~stronger~~ **less fat** than my uncle.
e. We are ~~shorter~~ **less young** than ~~us~~ **you.**
f. ~~She is~~ **You are** as old as ~~him~~ **her.**
g. Lara is as sporty as Mara (correct).

4. Complete with a suitable word

a. Mia madre è **più** alta **di** me.
b. **Mio** padre **è** più giovane di mio zio.
c. I miei genitori sono alti quanto i **miei** cugini.
d. I **miei** fratelli **sono** più sportivi delle mie sorelle.
e. Il mio **criceto** è meno affettuoso **del** mio cane.
f. I miei nonni **sono** tranquilli **quanto** il mio gatto **.**
g. La mia amica è **più** bella della **mia** tartaruga.
h. Mio zio non **è** forte **quanto** mia **madre**.

5. Match the opposites

bello – **brutto** diligente – **pigro** giovane – **vecchio** alto – **basso**
divertente – **noioso** simpatico – **antipatico** più – **meno** intelligente – **sciocco**

Unit 9. Comparing people: READING

1. Find the Italian for the following in Fausto's text

a. vivo in b. mamma, papà c. bello d. diligente e. meno testarda f. più paziente g. ma h. anatra
i. due animali j. molto simpatici. k. tanto testardo quanto

2. Complete the statements below based on Victoria's text

a. I am **20** years old. b. Ava is more **beautiful** than Grace. c. Grace is more **nice.**
d. My parents are very **affectionate** and **kind.** e. My mum is **funnier** than my dad.
f. I am as **funny** as my mother. g. We have **two** pets. h. My dog is **more** lazy.

3. Correct any of the statements below [about Mauro Ferrari's text] which are incorrect

a. Mauro Ferrari ha ~~tre~~ **due** animali. b. Marco è ~~meno~~ **più** sportivo di Barbara.
c. Marco è ~~più~~ **meno** alto di Barbara. d. Mauro è chiacchierone quanto il ~~criceto~~ **pappagallo.**
e. Suo padre è ~~più~~ **meno** severo di sua madre.

4. Answer the questions on the three texts above

a. Montalcino b. his mother c. Mauro Ferrari d. Fausto e. Fausto f. Victoria g. Mauro Ferrari h. Marco
i. Victoria

Unit 9. Comparing people: TRANSLATION/WRITING

1. Translate into English

a. he/she is as lazy as... b. he/she is younger than... c. less kind than... d. as sporty as...
e. i am less talkative than... f. he is more stubborn than... g. as silly as you h. i am better-looking than him
i. he is uglier than me j. more... than... k. less... than... l.i am as strong as her m. he is weaker than them...
n. as... as...

2. Gapped sentences

a. Mia mamma è **più** alta **di** mia zia. b. **Mio** padre **è** più **forte** di mio fratello maggiore. c. I miei cugini **sono** meno **sportivi** di noi. d. **Mio** fratello è **più** sciocco del suo **amico.** e. Mia nonna **è** gentile **quanto** mio nonno.
f. Alberta è **più** diligente di **noi.** g. Il mio gatto è meno **amichevole** del **mio** cane.
h. Andrew **è più** testardo **di** sua moglie.

3. Phrase-level translation (En to It)

a. Mia madre è... b. Più alta di... c. Magra quanto... d. Meno testarda di... e. Io sono più basso di...
f. I miei genitori sono... g. I miei cugini sono... h. Grassi quanto... i. Loro sono forti quanto... j. I miei nonni sono...
k. Io sono pigro quanto...

4. Sentence-level translation (En to It)

a. Mia sorella maggiore è più alta di mia sorella minore.
b. Mio padre è testardo quanto mia madre.
c. La mia professoressa è più diligente di me.
d. Sono meno intelligente di mio fratello.
e. Il mio migliore amico è più forte e più sportivo di me.
f. La mia tartaruga è meno veloce del mio criceto.
g. I miei cugini sono amichevoli quanto i miei amici.
h. La mia anatra è più rumorosa del mio cane.
i. Pedro è più giovane di Leonardo.
j. Ronaldo è più veloce di Giorgio.
k. Noi siamo gentili come i nostri genitori.

TERM 2 – BRINGING IT ALL TOGETHER – 9

1. Complete the translation of paragraph 1

My name is Nora and I am **15** years old. My birthday is on **25th August**. I am from a **small** towm in Ticino, Switzerland which is called Airolo, but now I live in Milan, in **Italy**, with my family. Today I am **happy** because later I am going to go to the **swimming pool** to **swim** with my **best friend**, Luca. Luca is very **fun** and always has **good ideas**. I **adore** playing tennis with him.

2. Answer the following questions about paragraphs 2 to 4

a. He is less strict than her mother. b. The grandparents. c. To play the guitar and play basketball.
d. Curly. e. Daniele. f. Nora's younger sister. g. Because maths are difficult.

3. Find the Italian equivalent for the following in paragraphs 4 and 5

a. mia sorella minore b. capelli lisci c. la sua materia preferita d. viviamo in e. il nostro appartamento
f. è sempre pulito g. le piace andare in bici

4. Find the ten mistakes in the following translation of paragraph 6

I go to an **art** school in my **neighbourhood**. I like my school because the teachers are creative and **hard-working** and always **help** us. Also, I **adore** the **contemporary** dance class because I can **dance** freely with my **female friends**. My favourite **subject** is oil painting because I adore to **mix** colours and create **impressive** works of art.

5. Find someone who...

a. Lucia b. Luca c. Leo d. The grandmother e. Luca f. Laura g. Lucia/Katie h. Lucia

6. Complete the sentences below

a. Today Lucia is going to go **shopping.**
b. She and her mum are going to buy **a present for her brother.**
c. Her mum is as **funny** as her grandmother.
d. Luca is **taller** than Lucia.
e. Laura enjoys doing weights and **playing basketball.**
f. Lucia's house is old but **cosy.**
g. Lucia's house is not too clean at times because **they have a big dog.**
h. Katie also enjoys **swimming in the lake.**
i. Lucia adores her history lessons because her teacher **explains well.**
j. Lucia adores speaking **French.**

7. Answer the following questions as if you were Lucia

a. Sono di Mantova, in Lombardia, Italia b. Sono felice c. Sei persone
d. Mio padre è forte e mia madre è divertente e. Suona il sassofono e gioca a scacchi
f. Le piace fare pesi e giocare a pallacanestro g. Educazione física h. La mia casa è piccola ma accogliente
i. Rufus è il mio cane j. È piccola k. Sono molto bravi e pazienti l. Le adoro!
m. Perché adoro parlare francese e cantiamo in classe.

TERM 2 - MIDPOINT - RETRIEVAL PRACTICE

1. Answer the following questions in Italian – Students' own answers

2. Write a paragraph in the first person singular (I) providing the following details

Mi chiamo Sandra. Ho undici anni e sono inglese. Oggi sto bene. Nella mia famiglia siamo quattro persone: mio padre, mia madre, mia sorella minore e io. Vado d'accordo con mia madre, però non vado d'accordo con mio padre perché è molto severo. Mio padre ha quarant'anni, è abbastanza alto e biondo. È intelligente e simpatico. Mia madre ha trent'otto anni. È bassa ed ha i capelli neri. È molto gentile e diligente. Mia sorella si chiama Deborah. Ha nove anni e il suo compleanno è il venti maggio. Deborah è più diligente e sportiva di me ma io sono più divertente! La mia scuola è grande e mi piace molto perché i professori sono gentili e mi ascoltano sempre. Adoro l'italiano perché il professore è bravo, divertente e mi aiuta sempre. Intoltre ho i miei amici in classe.

3. Write a paragraph in the third person singular (he/she) providing the following details about a friend

Students' own answers

Unit 10. Describing my teachers & saying why I like them

TRANSCRIPTS

1. Tick or cross? Tick the words you hear in each sentence and cross the ones you don't

a. Adoro l'**arte.**
b. Studio matematica, **scienze** e inglese.
c. La mia materia preferita è **l'italiano.**
d. Il mio professore di **teatro** mi aiuta sempre.
e. Non mi piace la **matematica** perché è molto difficile.
f. Studio scienze e adoro la **matematica.**
g. Mi piace molto l' **italiano** perché è utile per il futuro.
h. Non mi piace il mio professore di **francese**, è un po' severo.

2. Fill in the gaps

a. Mi piace il professore di **storia.**
b. Mi **piace** la professoressa di matematica.
c. Non mi piace **il** professore di tecnologia.
d. Non mi piace il professore di **scienze.**
e. Mi piace la professoressa di **geografia.**
f. Mi piace molto il professore di **tedesco.**
g. Mi piace la professoressa di **arte.**
h. Mi piace **molto** la professoressa di italiano.

3. Spot the intruder

a. Mi piace molto il professore di storia perché è paziente.
b. Mi piace la professoressa di inglese perché è gentile.
c. Mi piace il professore di tedesco perché è divertente.
d. Mi piace molto il professore di arte perché è diligente.
e. Non mi piace la professoressa di italiano perché è noiosa.
f. Non mi piace la professoressa di scienze perché ci dà molti compiti.

4. Faulty translation: correct the wrong translations

a. Mi piace molto il professore di Italiano.
b. Si arrabbia raramente.
c. Ci dà pochi compiti.
d. Non mi sgrida.
e. Il professore di arte mi aiuta molto.
f. Il mio professore mi capisce.

5. Listen and write the Italian translation next to each sentence

a. mi piace il mio professore di italiano
b. (lei) non si arrabbia
c. (lui) mi capisce
d. (lui) mi aiuta
e. mi piace il mio professore di scienze
f. (lui) è simpatico
g. (lui) è antipatico
h. (lei) è diligente

6. Listen and tick the appropriate box

a. Il mio professore di tedesco è **divertente.**
b. La mia professoressa di storia è **noiosa.**
c. La professoressa di arte è **diligente.**
d. La mia **professoressa** è molto divertente.
e. L'italiano è molto **utile** e anche divertente.
f. Mi piace la musica perché la professoressa è **intelligente.**
g. La tecnologia è molto **interessante.**
h. L'inglese è utile ma è un po' **noioso.**

7. Gapped translation

Mi piace **molto** la mia scuola. La mia materia preferita è la **matematica** perché il professore è molto **gentile** e ci dà **pochi** compiti. Inoltre, è molto **simpatico** e mi **aiuta** molto. Mi piace anche la mia professoressa di **storia** perché è molto gentile e **paziente** e mi **capisce**. Non **si arrabbia** mai e non **mi sgrida**. Però, non mi piace il mio professore di **scienze** perché è molto severo e **antipatico. Mi sgrida** sempre e ci dà **molti** compiti.

8. Complete with the missing letter

a. La professoress**a** **di** stori**a** è diligent**e.**
b. Il professor**e** di geograf**i**a è antipatico**.**
c. Mi piac**e** la profe**ss**oressa di sc**i**enze perché è gentile**.**
d. Non m**i** piac**e** la professoressa di **a**rte perché è sever**a.**
e. Il mio profess**o**re di ing**l**ese è molto dili**g**ente e br**a**vo.
f. Il mio **p**rofessore di edu**c**azione fisica è m**o**lto noios**o**.
g. Ado**r**o la professore**s**sa di fra**n**cese perché è divertent**e.**
h. **N**on mi piac**e** il p**r**ofessore di tede**s**co perché è sever**o.**

9. Guess the next word, then listen to the track to see if you guessed right

a. La professoressa di scienze è **intelligente.**
b. Il professore di storia è **noioso.**
c. Il professore di inglese è **interessante.**
d. La professoressa di arte mi **sgrida.**
e. La professoressa di geografia è **antipatica.**
f. Il professore di tecnologia è **divertente.**
g. La professoressa di musica è **severa.**

10. Listen and fill in the grid

Esempio: Mi piace il francese perché il professore è divertente e mi aiuta molto.
a. Non mi piace la storia perché la professoressa è noiosa e si arrabbia sempre.
b. Mi piace l'italiano perché il professore è gentile e paziente.
c. Mi piace la geografia perché il professore non ci dà molti compiti ed è simpatico.
d. Mi piace l'inglese perché la professoressa è gentile e diligente.
e. Non mi piace l'arte perché il professore non mi capisce e mi sgrida.
f. Mi piace la musica perché la professoressa è gentile e brava.
g. Mi piace l'educazione fisica perché il professore mi ascolta e ci dà pochi compiti.

11. Listening slalom: follow the speaker from top to bottom and number the boxes accordingly

a. Mi piace la professoressa di storia perché è simpatica e paziente. Lei mi capisce e mi aiuta sempre.
b. Non mi piace la professoressa di scienze perché è antipatica e pigra e non mi aiuta.
c. Adoro il professore di inglese perché è molto divertente e diligente. È molto paziente e non mi sgrida.
d. Mi piace molto la professoressa di italiano perché è divertente e interessante. Non ci dà molti compiti.

ANSWERS

Unit 10. Describing my teachers and saying why I like them: LISTENING

1. Tick or cross? Tick the words you hear in each sentence and cross the ones you don't

a. **arte** √ b. **scienze** √ c. storia X d. **teatro** √
e. **matematica** √ f. geografia X g. **italiano** √ h. tedesco X

2. Fill in the gaps

a. Mi piace il professore di **storia.**
b. Mi **piace** la professoressa di matematica.
c. Non mi piace **il** professore di tecnologia.
d. Non mi piace il professore di **scienze.**
e. Mi piace la professoressa di **geografía.**
f. Mi piace molto il professore di **tedesco.**
g. Mi piace la professoressa di **arte.**
h. Mi piace **molto** la professoressa di italiano.

3. Spot the intruder

a. Mi piace molto il la professore di storia perché è paziente.
b. Mi piace la professoressa di inglese perché è raramente gentile.
c. Non mi piace il professore di tedesco perché è divertente.
d. Mi piace molto il professore di arte perché è molto diligente.
e. Non mi piace la professoressa di italiano perché non è noiosa.
f. Non mi piace la professoressa di scienze perché raramente ci dà molti compiti .

4. Faulty translation: correct the wrong translations

a. mi piace molto il professore di italiano - correct
b. si arrabbia raramente - x
c. ci dà pochi compiti -x
d. non mi sgrida -x
e. il professore di arte mi aiuta molto – correct
f. il mio professore mi capisce - x

5. Listen and write the Italian translation next to each sentence

a. mi piace il mio professore di italiano
b. (lei) non si arrabbia
c. (lui) mi capisce
d. (lui) mi aiuta
e. mi piace il mio professore di scienze
f. (lui) è simpatico
g. (lui) è antipatico
h. (lei) è diligente

6. Subjects & teachers: listen and tick the appropriate box

	Masculine	Feminine
a	√	
b		√
c		√
d		√
e	√	
f		√
g		√
h	√	

7. Gapped translation

I like my school **a lot**. My favourite subject is **maths** because the teacher is very **kind** and always gives us **little** homework. Furthermore, he is very **funny** and **helps me** a lot. I also like my **history** teacher because she is very kind and **patient** and **understands** me. She never **gets angry** and never **shouts** at me. However, I don't like my **science** teacher, because he is very strict and **unfriendly/mean**. He always **tells me off** and gives us **a lot** of homework.

8. Complete with the missing letter

a. La professoress**a** **di** stori**a** è diligent**e.**
b. Il professor**e** di geografia è antipático.
c. Mi piac**e** la profe**s**soressa di scienze perché è gentile**.**
d. Non m**i** piac**e** la professoressa di **a**rte perché è sever**a.**
e. Il mio profess**o**re di in**g**lese è molto dili**g**ente e br**a**vo.
f. Il mio **p**rofessore di edu**c**azione fisica è m**o**lto noios**o**.
g. Ador**o** la professore**s**sa di fra**n**cese perché è divertent**e.**
h. **N**on mi piac**e** il p**r**ofessore di tede**s**co perché è sever**o.**

9. Guess the next word, then listen to the track to see if you guessed right

a. La professoressa di scienze è **inteligente.**
b. Il professore di storia è **noioso.**
c. Il professore di inglese è **interessante.**
d. La professoressa di arte mi **sgrida.**
e. La professoressa di geografia è **antipatica.**
f. Il professore di tecnologia è **divertente.**
g. La professoressa di musica è **severa.**

10. Listen and fill in the grid

	Which subject?	Do they like/ dislike it?	Why? (2 details)
eg.	*French*	*Y*	*Teacher is funny and helps me a lot*
a.	History	N	Teacher is boring and always gets angry
b.	Italian	Y	Teacher is kind and patient
c.	Geography	Y	Teacher does not give a lot of homework & nice
d.	English	Y	Teacher is kind and hard working
e.	Art	N	Teacher doesn't' understand me & tells me off
f.	Music	Y	Teacher is kind and good
g.	PE	Y	Teacher listens to me and gives little homework

11. Listening slalom: follow the speaker from top to bottom and number the boxes accordingly

a. Mi piace la professoressa di storia perché è simpatica e paziente. Lei mi capisce e mi aiuta sempre.
b. Non mi piace la professoressa di scienze perché è antipatica e pigra e non mi aiuta.
c. Adoro il professore di inglese perché è molto divertente e diligente. È molto paziente e non mi sgrida.
d. Mi piace molto la professoressa di italiano perché è divertente e interessante. Non ci dà molti compiti

Unit 10. Describing my teachers: VOCABULARY BUILDING

1. Match

è interessante – he is interesting
è paziente – he is patient
è intelligente – he is intelligent
è diligente– he is hard-working
è simpatico – he is nice
è antipatico – he is mean
è divertente – he is fun
è bravo – he is good
è noioso– he is boring

2. Translate into English

a. I like b. the history teacher (f) c. I adore d. she is mean e. he is nice f. he/she shouts at me g. he/she gives us a lot of homework h. he/she is funny i. he/she helps me j. always

3. Break the flow

a. Mi piace la professoressa di scienze perché è molto diligente.
b. Non mi piace la professoressa di inglese perché è molto severa.
c. Non mi piace il professore di matematica perché ci dà molti compiti.
d. Adoro il professore di musica perché non si arrabbia mai.
e. Mi piace il professore di educazione fisica perché è simpatico.
f. Non mi piace il professore di francese perché è noioso.
g. Adoro la professoressa di tecnologia perché è divertente.
h. Mi piace molto il professore di italiano perché è gentile e mi capisce.

4. Faulty translation

a. Il professore di tedesco: *The **German** teacher*
b. Mi piace molto: *I like him/her **a lot***
c. Adoro: *I **adore** him/her*
d. Il professore di arte: *The **art** teacher*
e. Ci dà molti compiti: *He gives us **a lot of** homework*
f. Mi aiuta sempre: He/*She always **helps me***
g. Non mi capisce: *He/She **doesn't** understands me*
h. Non si arrabbia mai: *He **never** gets angry*
i. È noiosa: *She is **boring***
j. Lei è divertente: ***She** is funny*

5. Complete the table

Italiano	English
noioso	*boring*
divertente	*fun*
gentile	*kind*
interessante	*interesting*
simpatico	*friendly*
antipatico	*mean*
paziente	*patient*
diligente	*hard-working*

6. Gapped Italian to English translation

a. mi piace la professoressa di scienze: *I like the **science** teacher*
b. è molto severa: *she is very **strict***
c. ci dà molti compiti: *he gives us **a lot of** homework*
d. adoro la professoressa di musica: *i **adore** the music teacher*
e. non si arrabbia mai: *he **never** gets angry*
f. non mi piace il professore perché è noioso: I *don't like the teacher because he is **boring***
g. adoro la professoressa perché è divertente: *I adore the teacher because she is **funny***
h. mi piace molto perché divertente: *I like him a lot because he is **fun***

7. Complete with the correct option

a. Mi piace la professoressa di **scienze** perché è molto diligente.
b. Non mi piace la professoressa di inglese perché è molto **severa.**
c. Non mi piace la professoressa di matematica perché ci dà molti compiti.
d. **Adoro** la professoressa di musica perché non si arrabbia mai.
e. Mi piace il **professore** di educazione fisica è gentile.
f. Non mi piace il professore di francese perché è **noioso.**
g. Mi piace molto il professore di italiano **perché** è divertente.

8. Sentence puzzle

a. la professoressa è simpatica b. il professore è antipatico c. mi piace la professoressa
d. il professore di inglese e. la professoressa di spagnolo f. la professoressa è divertente
g. il professore è gentile

9. Anagrams

a. professore b. antipatico c. divertente d. mi sgrida e. gentile f. molti compiti

10. Choose the correct word

a. La professoressa di **scienze.**
b. Il professore è **noioso.**
c. **Si arrabbia** sempre.
d. È **gentile.**
e. Il professore è **molto** divertente.
f. Mi piace la professoressa perché è **simpatica.**
g. Adoro la professoressa perché è **paziente.**
h. Mi piace **molto** il professore di spagnolo.

Unit 10. Describing my teachers: READING

1. Find the Italian for the following in Marta's text

a. buona b. materie c. divertente d. compiti e. anche f. mi aiuta g. paziente h. molto
i. antipatica j. mi sgrida k. si arrabbia

2. Complete the statements below based on Giuseppe's text

a. I study **many** subjects.
b. I **only** like history and geography.
c. The history teacher always **helps me** when I **don't understand something.**
d. The science teacher is **boring** and **always shouts.**
e. Neither do I like maths because the teacher is very **strict** and **gets angry** easily.

3. Correct the incorrect statements about Roberto's text

a. Roberto ~~only~~ likes English, science and history. b. The history teacher is **fun.** c. Correct
d. The English teacher is **kind.** e. The history teacher **never shouts.**

4. Find someone who...

a. Giuseppe b. Roberto c. Marta d. Giuseppe e. Marta f. Roberto g. Roberto
h. Marta i. Giuseppe j. Giuseppe k. Roberto

Unit 10. Describing my teachers: WRITING

1. Translate into Italian

a. Simpatica b. Divertente c. Antipatica d. Noioso e. Interessante f. Paziente g. Divertente

2. Complete with a suitable word

a. Adoro la **professoressa** di scienze.
b. La professoressa di matematica **è** gentile.
c. Mi **piace** perché è simpatico.
d. **Non** mi piace perché è impaziente.
e. Mi piace molto il professore di **italiano.**
f. Non mi piace **perché** è molto antipatico.
g. La professoressa di inglese è **molto** divertente.
h. **Il** professore di arte è molto noioso.

3. Broken words

a. la professo**ressa** di scien**ze**
b. è diver**tente**
c. m**i** sgr**ida**
d. si arrab**bia**
e. è no**iosa**
f. è noi**oso**
g. la **pro**fessoressa de itali**ano**
h. è molto inte**lligente**
i. ci dà pochi comp**iti**
j. ci dà mol**ti** com**piti**
k. i**l** professore è pazi**ente**
l. mi aiu**ta** semp**re**

4. Complete the table

Masculine	Feminine
noioso	noiosa
divertente	divertente
bravo	brava
paziente	paziente
interessante	interessante
buono	buona
antipatico	antipatico

5. Spot and add in the missing word

a. La professoressa **di** scienze.
b. Mi piace la professoressa di arte perché **è** divertente.
c. Non **mi** piace il professore di educazione física.
d. **Il** professore di matematica è molto noioso.
e. Il professore di spagnolo **si** arrabbia sempre.
f. Adoro la professoressa di tedesco perché **è** simpatica.
g. Il professore di storia ci dà molti compiti.

6. Tangled translation: into Italian

a. Non mi **piace** la professoressa **di francese.**
b. **Adoro il professore** di **inglese.**
c. **Ci dà molti** compiti.
d. Il professore di scienze **è paziente.**
e. Ci dà **pochi** compiti.
f. Il **professore di matematica** è molto **divertente.**
g. La professoressa di **spagnolo** mi **sgrida.**
h. **Il professore** (m) **si arrabbia** sempre

7. Translate into Italian

a. Non mi piace la professoressa di scienze perché è noiosa.
b. Il professore di francese ci dà molti compiti.
c. Il professore di tedesco mi aiuta sempre.
d. Il professore di matematica si arrabbia raramente.
e. Il professore di arte è divertente e mi capisce.
f. Il professore di educazione fisica è divertente e ci dà pochi compiti.
g. Il professore di musica è antipatico e impaziente.
h. Il professore di inglese è interessante e diligente.

TERM 2 - BRINGING IT ALL TOGETHER - 10

1. Find the Italian equivalent for the following in paragraphs 1 to 4

a. sono inglese b. siamo c. mio fratello maggiore d. più severo e. si chiamano f. sono affettuosi g. passare del tempo h. a lui piace suonare i. forte

2. Complete the translation of paragraph 5

My **younger** sister is more artistic than my brother. She has **green** eyes and **curly** hair. She enjoys **painting** and dancing hip hop. At school, her favourite subject is **IT** because it is **useful** for the future. She doesn't like maths because it is a bit complicated and **boring**.

3. Answer the following questions about paragraph 6

a. In her neighbourhood. b. Because the teachers are very good. c. They are good and understanding. d. Because she can explore melodies and write songs. e. History, because she learns a lot.

4. Translate the following phrases taken from paragraphs 6 and 7

a. they are understanding b. they help us c. to write songs d. i learn a lot e. he/she tells me off f. he/she helps me g. kind h. however i. i don't get on well j. she always gets angry

5. Find someone who...

a. Finn b. James c. Angela d. Darragh e. Aoife f. Finn g. Darragh h. The music teacher i. Aoife

6. Find the Italian in paragraph 4

a. più bassa b. i capelli lisci c. comprare vestiti d. molto brava e. dice che f. è noioso

7. Correct the errors in the following translation of paragraph 5

I go to a very **big** school in my city. **My** school is very good because the teachers are very intelligent, **fun** and **hard-working**. They always **help** me if I don't understand something. I **adore** the English class because I **like** to **read** and to write stories. My favourite **subject** is music because the teacher is very **fun** and always **helps** me. She is my favourite teacher.

8. Find out the 4 words on the list below, which are not included in paragraph 6

a. is	e. **also**	i. a lot
b. **but**	f. always	j. my
c. however	g. **never**	k. in
d. with	h. that	l. **for**

Unit 11. Saying what I and others do in our free time

TRANSCRIPTS

1. Complete with GIOCO , FACCIO or VADO

a. **Gioco** a scacchi. b. **Faccio** pesi. c. **Gioco** a carte. d. **Faccio** arrampicata.
e. **Vado** in piscina. f. **Vado** in discoteca. g. **Vado** a casa del mio amico. h. **Vado** in palestra.

2. Complete with the missing syllables

a. Gioco ai videogio**chi**. b. Faccio ginnasti**ca**. c. Vado in pisci**na**. d. Vado ion discote**ca**.
e. Faccio ciclis**mo**. f. Vado in monta**gna**. g. **Gio**co a tennis. h. Vado in spiag**gia**.
i. Vado al par**co**. j. Faccio nuo**to**.

3. Listening for detail: what activities does Alice do each day? Tick the correct one

a. Ciao, mi chiamo Alice. Il lunedì faccio ciclismo con i miei amici.
b. Il martedì faccio nuoto in piscina con la mia famiglia.
c. Il mercoledì vado in palestra con il mio amico Gianfranco.
d. Il giovedì rimango a casa e faccio i compiti.
e. Il venerdì gioco a scacchi con mio nonno.
f. Il sabato faccio ciclismo in montagna.
g. ...e la domenica vado a pesca.

4. Spot the intruder

Mi chiamo Daniel. Sono ~~**un**~~ tedesco. Sono ~~**molto**~~ sportivo. Nel mio tempo libero faccio ~~**molto**~~ sport. Il mio sport preferito è l'arrampicata ~~**libera**~~. Faccio arrampicata ~~**quasi**~~ tutti i giorni. Quando c'è brutto tempo ~~**in generale**~~ rimango a casa e gioco a scacchi o ~~**gioco**~~ a carte con mio fratello ~~**minore**~~. Mi piace anche ~~**molto**~~ fare nuoto. Faccio ~~**il**~~ nuoto ~~**quasi**~~ tutti i fine settimana nella piscina **vicino** a ~~**la**~~ casa mia.

5. Faulty translation: correct the translation

a. Mi chiamo Laura. Ho i capelli **neri** e sono molto **intelligente** e chiacchierona.
b. Non sono molto sportiva. Preferisco **guardare la televisione**, giocare a scacchi, giocare a carte e andare **al parco**.
c. Quando fa bel tempo, mi piace andare a pesca e, ogni tanto...
d. ...vado al **centro commerciale** con mia **madre**. Non vado **mai** in palestra.
e . È molto noioso secondo me. Preferisco fare **ciclismo**.

6. Listen to Dylan talk about his friends and fill in the grid below - in English

a. Ciao, mi chiamo Dylan e oggi vi parlo dei miei amici. Il mio amico si chiama Chris e ha tredici anni. È alto e divertente. La sua materia preferita è l'italiano. Ma il suo professore preferito è il professore di musica. Il suo sport preferito è il calcio e lo pratica ogni fine settimana.
b. Il mio amico Aaron ha quindici anni, è basso e pigro. La sua materia preferita è la tecnologia ma il suo professore preferito è la professoressa di spagnolo. Adora la pallacanestro e la pratica il lunedì.
c. La mia amica Mirella ha dodici anni, è molto alta e forte. La sua materia preferita è l'educazione fisica ma il suo professore preferito è la professoressa di inglese. Le piace l'equitazione e la pratica tutti i giorni.
d. La mia amica Stella ha quattordici anni, è un po' muscolosa ed è molto diligente. La sua materia preferita è la storia e il suo professore preferito è il professore di matematica. Le piace andare in piscina e ci va spesso.

7. Narrow listening: gapped translation

Mi chiamo **Giacomo** ed ho **diciassette** anni. Sono **italiano** e sono **sardo**. Sono una persona che vive nella bella isola della **Sardegna**. Vivo lì con i miei **genitori**, due **fratelli** ed una **sorella**. I miei genitori sono molto **gentili** e **generosi**. I miei fratelli sono molto **fastidiosi** e mia sorella è molto **divertente e comprensiva**. Le mie materie preferite sono **la matematica** e **lo spagnolo**. Nel mio tempo libero faccio molto **sport**. Gioco **a tennis** a scuola **tutti i giorni**. Faccio spesso **pesi** nella palestra vicino a casa mia. Tre volte alla settimana **vado a pesca** e ogni tanto vado **al cinema** con i miei fratelli. Oltre allo sport, suono anche **la chitarra** e vado a **lezione di chitarra** una volta alla settimana. Adoro **la musica.** Arrivederci!

ANSWERS

Unit 11. Saying what I and others do in our free time: LISTENING

1. Complete with GIOCO , FACCIO or VADO

a. **Gioco** a scacchi. b. **Faccio** pesi. c. **Gioco** a carte.
d. **Faccio** arrampicata. e. **Vado** in piscina. f. **Vado** in discoteca.
g. **Vado** a casa del mio amico. h. **Vado** in palestra.

2. Complete with the missing syllables

a. Gioco ai videogio**chi.** b. Faccio ginnasti**ca.** c. Vado in pisci**na.** d. Vado in disco**teca.**
e. Faccio ciclis**mo.** f. Vado in monta**gna.** g. **Gio**co a tennis. h. Vado in spiag**gia.**
i. Vado al par**co.** j. Faccio nuo**to.**

3. Listening for detail: what activities does Amparo do each day? Tick the correct one

a. Monday: Cycling b. Tuesday: Swimming
c. Wednesday: Going to the gym d. Thursday: Homework
e. Friday: Chess f. Saturday: Bike riding
g. Sunday: Fishing

4. Spot the intruder

Mi chiamo Daniel. Sono **~~un~~** tedesco. Sono **~~molto~~** sportivo. Nel mio tempo libero faccio **~~molto~~** sport. Il mio sport preferito è l'arrampicata **~~libera~~**. Faccio arrampicata **~~quasi~~** tutti i giorni. Quando c'è brutto tempo **~~in generale~~** rimango a casa e gioco a scacchi o **~~gioco~~** a carte con mio fratello **~~minore~~**. Mi piace anche **~~molto~~** fare nuoto. Faccio **~~il~~** nuoto **~~quasi~~** tutti i fine settimana nella piscina vicino a casa mia.

5. Faulty translation: correct the translation

a. My name is Laura. I am **dark haired** and am very **intelligent** and talkative.
b. I am not very sporty. I prefer to **watch TV**, play chess, play cards and go **to the park**.
c. When the weather is nice, I like to go **fishing** and from time to time...
d. I go to the **shopping centre** with my **mother**. **I never** go to the gym.
e. It is very boring in my opinion. I prefer to go **biking**.

6. Listen to Dylan talk about his friends and fill in the grid below - in English

	Name	Age	Description	Favourite subject	Favourite teacher	Favourite activity	How often they practise
a.	**Chris**	13	Tall + funny	Italian	Music	Football	Every weekend
b.	**Aaron**	15	Short + lazy	Technology	Spanish	Basketball	On Mondays
c.	**Mirella**	12	Very tall + strong	PE	English	Horseriding	Every day
d.	**Stella**	14	Bit muscly + very hard-working	History	Maths	Going to the pool	Often

7. Narrow listening: gapped translation

My name is **Giacomo** and I am **17** years old. I am **Italian** and I am a Sardinian. I am a person from the beautiful island of **Sardinia**. I live there with my **parents**, two **brothers** and one **sister**. My parents are very **kind** and **generous**. My brothers are very **annoying** and my sister is **funny and** understanding. My favourite subjects are **Maths** and **Spanish**. In my free time I do a lot of **sport**. I play **tennis** at school **every day**. I often do **weights** at the gym near my house. Three times a week I **go fishing** and from time to time I go to **the cinema** with my brothers. Besides sport, I also play **guitar** and go to **guitar lesson** once a week. I love **music**. Goodbye!

Unit 11. Free time: VOCABULARY BUILDING

1. Match up

gioco a pallavolo – I play volleyball
gioco a carte – I play cards
gioco a calcio – I play football
gioco a golf – I play golf
faccio ciclismo – I go biking
gioco a pallacanestro – I play basketball
faccio equitazione – I go horse-riding
faccio nuoto – I go swimming

2. Complete with the missing word

a. Gioco a **scacchi.**
b. **Faccio** equitazione.
c. **Gioco** a carte
d. Mi piace fare **ginnastica.**
e. Gioco a **pallacanestro.**
f. Faccio **atlética..**
g. Mi piace fare **nuoto.**
h. Faccio **arrampicata.**
i. Faccio **pesi.**
j. Non faccio i **compiti.**

3. Translate into English

a. In my free time I play football.
b. I often play basketball.
c. Sometimes I go rock-climbing.
d. I rarely go horse-riding.
e. When the weather is good I go fishing.
f. I like doing cycling every-day.
g. I rarely go clubbing.
h. On Sunday I go to the cinema.
i. When the weather is good, I go to the beach.
j. I do my homework every day.
k. Sometimes, I go to my friend's house.

4. Broken words

a. Faccio eq**uitazione**
b. Faccio n**uoto**
c. Vado a p**esca**
d. Vado in b**icicletta**
e. Gioco a s**cacchi**
f. Vado in d**iscoteca**
g. Gioco a c**arte**
h. Faccio a**rrampicata**

5. 'Vado', 'Gioco' or 'Faccio'?

a. **Gioco** a pallacanestro
b. **Vado** in bicicletta
c. **Gioco** a carte
d. **Faccio** nuoto
e. **Vado** in montagna
f. **Gioco** a tennis
g. **Faccio** pesi
h. **Faccio** equitazione

6. Bad translation – spot any translation errors and fix them

a. I ~~often~~ **never** go clubbing
b. I play ~~chess~~ **cards** once a week
c. I ~~go swimming~~ **do hiking** rarely
d. When the weather is ~~bad~~ **good/nice**
e. I play ~~football~~ **basketball**
f. I go biking ~~every day~~ **twice a week**
g. I **often** ~~never~~ play chess
h. I ~~never~~ **always** go ~~hiking~~ **rock-climbing**
i. I go swimming ~~from time to time~~ **often**

Unit 11. Free time: READING

1. Find the Italian for the following in Thomas' text

a. faccio molto sport
b. il mio sport preferito
c. arrampicata
d. tutti i giorni
e. quando fa brutto tempo
f. gioco a scacchi
g. sempre
h. gioco alla Playstation

2. Find the Italian in Annie's text for

a. adoro andare in bicicletta
b. con i miei amici
c. a volte
d. faccio nuoto
e. vado in discoteca
f. faccio arrampicata
g. col mio fidanzato
h. giocare sul telefonino

3. Complete the following statements about Veronica

a. She is **Spanish** from **Barbastro.**
b. She is very **nice** and **funny.**
c. She plays videogames or **chess.**
d. When the weather is nice she **goes jogging.**
e. She also plays tennis with her **brother.**
f. She doesn't enjoy the gym nor the **swimming pool.**

4. List 8 details about Nicola

1. She is from England.
2. She likes reading books and newspapers.
3. She likes playing cards.
4. She is not very sporty.
5. She goes to the gym once a week.
6. She does weight-lifting.
7. She goes hiking when the weather is nice.
8. Her dog is called Doug.

5. Find someone who...

a. Nicola b. Veronica c. Thomas d. Nicola e. Annie

Unit 11. Free time: TRANSLATION

1. Gapped translation

a. I **never** go clubbing
b. I often play **basketball**
c. **I play** tennis
d. **Twice** a week
e. I play **volleyball**
f. Every day I **play cards**
g. **Sometimes,** I go to the park
h. I never do **weight-lifting**
i. When the **weather is nice**
j. I go **jogging**

2. Translate to English

a. twice a week
b. sometimes
c. when the weather is bad
d. to my friend's house
e. to the sports centre
f. every day
g. I do rock-climbing
h. I go clubbing
i. I go fishing

3. Translate into English

a. I never go fishing with my dad.
b. I play cards with my brother.
c. I go hiking with my mom.
d. I play football with my best friend.
e. I hardly ever play the PlayStation with my cousin.
f. I often go to the cinema with my girlfriend.

4. Translate into Italian

a. bici
b. arrampicata
c. pallacanestro
d. pesca
e. pesi
f. videogiochi
g. scacchi
h. carte
i. trekking
j. corsa

5. Translate into Italian

a. faccio corsa
b. gioco a scacchi
c. faccio arrampicata
d. faccio nuoto
e. faccio equitazione
f. faccio pesi
g. faccio i compiti
h. gioco ai videogiochi
i. faccio ciclismo v
j. faccio ginnastica

Unit 11. Free time: WRITING

1. Split sentences

vado al centro **sportivo tutti i giorni**
spesso gioco **a pallavolo**
vado a casa **della mia amica**
faccio corsa nel **parco**
gioco a **carte**
faccio sport due **volte a settimana**
a volte vado in **bicicletta**
faccio pesi **in palestra**

2. Complete the sentences with a suitable word

a. Non **faccio** ginnastica.
b. A volte **gioco** a pallavolo.
c. Raramente **faccio** arrampicata.
d. Spesso **faccio** equitazione.
e. Gioco a tennis **tutti i** giorni.
f. Vado a **casa** del mio amico John.
g. Nel mio **tempo** libero mi piace nuotare.
h. Mi **piace** giocare a rugby.
i. Gioco **a** golf una volta a settimana.

3. Spot and correct mistakes [note: in some cases a word is missing]

a. Fac**c**io e**q**uitazione.
b. Gi**o**co a pal**l**avolo.
c. Vado a casa **del** mio amico.
d. Tutti i giorni vado **in** bicicletta.
e. Faccio **i** compiti.
f. Vado **in** piscina.
g. Gioco a ca**l**cio.
h. Mi piace gioc**are** a tennis.

4. Complete the words

a. Sca**cchi** b. Pallac**anestro** c. Ginn**astica** d. Video**giochi** e. Equi**tazione** f. Atle**tica** g. Pall**avolo** h. Pisc**ina**

5. Write a paragraph for each of the people below in the first person singular (I):

Giovanni: Mi chiamo Giovanni. Faccio trekking ogni giorno con i miei amici in campagna, mi piace perché è divertente.
Dylan: Mi chiamo Dylan. Faccio spesso pesi con il mio amico James a casa. Mi piace perché è salutare.
Simona: Mi chiamo Simona. Quando il tempo è bello faccio jogging da sola nel parco. Mi piace perché è rilassante.

TERM 2 - BRINGING IT ALL TOGETHER - 11

1. Answer the following questions in English

a. Ireland. b. Because she is more calm than his father. c. 72 and 69. d. Black hair.
e. Because it's boring and he doesn't know if it's going to be useful for the future.
f. Because the teachers are good. g. Chemistry, because he likes to do experiments.
h. Climbing, he does it every day. i. Swimming is exhausting but fun.

2. Find the Italian equivalent for the following in Liam's text

a. ma ora vivo b. siamo c. sono molto affettuosi d. è molto talentuoso e. ha i capelli neri
f. non so g. i professori sono molto bravi h. mi piace capire i. mi aiuta sempre in classe
j. nel mio tempo libero k. quando c'è brutto tempo l. a volte faccio jogging m. il nuoto è stancante

3. Complete the translation of paragraph 6 below

In my free time I do a lot of **sport**. My favourite sport is **climbing**. I go **climbing** every day. When **the weather is bad** I stay at home and I play videogames or **cards**. I also **like a lot** to play Playstation with my friends. When the **weather** is **good**, sometimes I go **jogging** in the park in my **neighbourhood** or I play tennis with my **brother** Noel. **Furthermore**, I enjoy going to the **gym** and to the **swimming pool** twice a week. Swimming is **tiring** but very **fun**.

4. Answer the following questions about PARAGRAPHS 1 and 2 in Italian as if you were Dora

a. Mi chiamo Dora. b. Ho dodici anni. c. Sono inglese. d. Vivo a Valencia. e. Vivo con la mia famiglia.
f. Sto così così. g. Nella mia famiglia ci sono tre persone. h. Mia madre.
i. Mio nonno ha settantasette anni e mia nonna ha sessantotto anni. j. Mio nonno.

5. Translate the following words from paragraphs 3 and 4

a. better
b. to go
c. to do
d. his
e. also
f. he has
g. the same
h. more
i. subject
j. to paint
k. however
l. boring
m. truth
n. that

6. Correct the following statements about Dora, based on paragraph 5

a. I professori di Dora **sono eccellenti.**
b. I professori di Dora l'ascoltano **sempre.**
c. A Dora **piace** l'inglese.
d. La sua materia preferita è la **storia.**
e. La sua professoressa di storia è molto **divertente.**
f. La sua professoressa di storia da **pochi** compiti.

7. Find the Italian equivalents in the paragraphs 5 and 6

a. I read: **leggo**
b. group: **gruppo**
c. also: **anche**
d. weather: **tempo**
e. comics: **fumetti**
f. to sing: **cantare**
g. good: **bravi**
h. team: **squadra**
i. films: **film**
j. i watch: **guardo**

TERM 2 - BRINGING IT ALL TOGETHER - QUESTION SKILLS

TRANSCRIPTS

1. Fill in the missing words

a. **Quante** persone ci sono nella tua famiglia?
b. **Con chi** vai d'accordo nella tua famiglia?
c. **Non vai d'accordo** con qualcuno? **Perché**?
d. **Vai d'accordo** con tuo padre?
e. **Quanti** anni ha tuo fratello?
f. **Com'** è tuo fratello?
g. **Quando** è il suo compleanno?
h. **Ti piace** il tuo professore di inglese?
i. **Chi** è il tuo professore preferito?
j. **C'è qualche** professore che non ti piace?
k. **Quale** professore ti aiuta sempre?
l. **Qual** è la tua materia preferita?
m. **Che cosa fai** nel tuo tempo libero?
n. **Quale** sport pratichi?
o. **Che cosa** fai quando c'è brutto tempo?

2. Listen and choose the option that you hear

a. Nella mia famiglia ci sono **quattro** persone.
b. Vado d'accordo con mia **madre.**
c. Non vado d'accordo con mio **fratello.**
d. A volte non vado d'accordo con mia **sorella.**
e. Mio fratello ha **nove** anni.
f. È abbastanza **alto**, ha i capelli biondi.
g. Il suo compleanno è il diciannove **marzo.**
h. Sì, mi piace **molto.**
i. La mia materia preferita è l'**arte.**
j. Non mi piace molto la professoressa di arte.
k. Il mio professore di **tecnología.**
l. Adoro **le scienze.**
m. Faccio **ciclismo.**
n. Vado in **piscina.**
o. **Vado a casa dei miei amici.**

3. Listen and write in the missing information

a. Nella mia **famiglia** ci sono **quattro** persone, i miei **genitori**, mio **fratello** minore ed io.
b. **Vado** d'accordo con mia **madre** perché è molto **comprensiva.**
c. A volte non **vado** d'accordo con mio **fratello** perché è un po' **fastidioso.**
d. Vado **molto d'accordo** con mio **padre** perché è molto **simpatico.**
e. Mio **fratello** ha **nove** anni.
f. È abbastanza **alto**, ha i capelli **biondi** e gli occhi **azzurri.**
g. Il suo **compleanno** è il **diciannove marzo.**
h. **Sì**, mi piace **molto** perché **spiega** le **cose** molto **bene.**
i. Il mio professore **preferito** è il professore di **storia** perché è molto **divertente.**
j. Non mi **piace** molto la mia professoressa di **matematica** perché è troppo **severa.**
k. Il mio professore di **tecnologia** mi **aiuta** sempre.
l. **Adoro** le **scienze** perché **sono** molto utili per il **futuro.**
m. Nel mio tempo **libero**, vado a **casa** del mio migliore **amico** e giochiamo ai **videogiochi.**
n. Faccio **nuoto** e gioco a **pallacanestro**, e a volte gioco a **tennis.**
o. Quando c'è **brutto** tempo, **rimango** a casa e **guardo** una serie o **leggo** un libro.

ANSWERS

1. Fill in the missing words

a. **Quante** persone ci sono nella tua famiglia?
b. **Con chi** vai d'accordo nella tua famiglia?
c. **Non vai d'accordo** con qualcuno? **Perché**?
d. **Vai d'accordo** con tuo padre?
e. **Quanti** anni ha tuo fratello?
f. **Com'** è tuo fratello?
g. **Quando** è il suo compleanno?
h. **Ti piace** il tuo professore di inglese?
i. **Chi** è il tuo professore preferito?
j. **C'è qualche** professore che non ti piace?
k. **Quale** professore ti aiuta sempre?
l. **Qual** è la tua materia preferita?
m. **Che cosa fai** nel tuo tempo libero?
n. **Quale** sport pratichi?
o. **Che cosa** fai quando c'è brutto tempo?

2. Listen and choose the option that you hear

a. Nella mia famiglia ci sono **quattro** persone.
b. Vado d'accordo con mia **madre.**
c. Non vado d'accordo con mio **fratello.**
d. A volte non vado d'accordo con mia **sorella.**
e. Mio fratello ha **nove** anni.
f. È abbastanza **alto**, ha i capelli biondi.
g. Il suo compleanno è il diciannove **marzo.**
h. Sì, mi piace **molto.**
i. La mia materia preferita è l'**arte.**
j. Non mi piace molto la professoressa di arte.
k. Il mio professore di **tecnología.**
l. Adoro **le scienze.**
m. Faccio **ciclismo.**
n. Vado in **piscina.**
o. **Vado a casa dei miei amici.**

3. Listen and write in the missing information

a. Nella mia **famiglia** ci sono **quattro** persone, i miei **genitori**, mio **fratello** minore ed io.
b. **Vado** d'accordo con mia **madre** perché è molto **comprensiva.**
c. A volte non **vado** d'accordo con mio **fratello** perché è un po' **fastidioso.**
d. Vado **molto d'accordo** con mio **padre** perché è molto **simpatico.**
e. Mio **fratello** ha **nove** anni.
f. È abbastanza **alto**, ha i capelli **biondi** e gli occhi **azzurri.**
g. Il suo **compleanno** è il **diciannove marzo.**
h. **Sì**, mi piace **molto** perché **spiega** le **cose** molto **bene.**
i. Il mio professore **preferito** è il professore di **storia** perché è molto **divertente.**
j. Non mi **piace** molto la mia professoressa di **matematica** perché è troppo **severa.**
k. Il mio professore di **tecnologia** mi **aiuta** sempre.
l. **Adoro** le **scienze** perché **sono** molto utili per il **futuro.**
m. Nel mio tempo **libero**, vado a **casa** del mio migliore **amico** e giochiamo ai **videogiochi.**
n. Faccio **nuoto** e gioco a **pallacanestro**, e a volte gioco a **tennis.**
o. Quando c'è **brutto** tempo, **rimango** a casa e **guardo** una serie o **leggo** un libro.

TERM 2 - BRINGING IT ALL TOGETHER – QUESTION SKILLS

4. Fill in the grid with your personal information
Student's own answers

5. Survey two of your classmates using the same questions as above– write down the main information you hear in Italian
Student's own answers

TERM 3

Unit 12. Talking about my daily routine

TRANSCRIPTS

1. Listen and fill in the gaps

a. Sono le sei e **un quarto.**
b. È l' **una.**
c. Sono le sette e **mezza.**
d. Mi alzo verso le **sei.**
e. Esco di casa alle **sei** e mezza.
f. Vado a scuola alle sette **meno** un quarto.
g. Pranzo a **mezzogiorno.**
h. Faccio i compiti **verso** le cinque.
i. Vado a letto **verso** le nove.

2. Multiple choice quiz: daily routine times

a. Mi alzo tutti i giorni alle sette di mattina.
b. Ho la ricreazione verso le dieci e dieci di mattina.
c. Esco da scuola alle le tre e quarantacinque del pomeriggio.
d. Guardo la televisione alle sei meno un quarto del pomeriggio.
e. Chiacchiero con i miei amici alle dieci e venticinque di mattina.
f. Le lezioni finiscono alle due e mezza del pomeriggio.
g. Prendo l'autobus alle due e trentacinque del pomeriggio.
h. Mio padre va a dormire a mezzanotte.
i. Il mio amico si alza alle otto meno un quarto di mattina.
j. Il mio amico esce di casa alle otto e un quarto di mattina.

3. Spot the differences and correct your text

a. Mi chiamo Federico. Sono **spagnolo**. **Mi alzo** sempre verso le sei e mezza.
b. Dopo mi faccio la doccia e **mi pettino**.
c. La mattina non faccio colazione, ma mio fratello Valerio fa colazione in **cucina.**
d. Vado a scuola **a piedi** verso le sette e un quarto.
e. Torno a casa verso le **tre e mezza** e dopo mi rilasso un po'.
f. Generalmente, **ascolto la musica** in salotto.
g. Dopo **vado** in internet, guardo una serie su Netflix o guardo i video di TikTok nella mia **camera**.
h. Dopo, alle **sette**, preparo la cena con mia madre in cucina.
i. Adoro preparare **le torte** perché **sono deliziose**.
j. Vado a letto tardi, verso le **dodici**.

4. Listen and note down in English what Carmen does at each time

Ciao, sono Carmen. Normalmente, alle 6:30 (sei e mezza) mi faccio la doccia. Dopo vado a scuola in bici alle 7:15 (sette e un quarto). La mia prima lezione comincia alle 8:00. Alle 9:15 (nove e un quarto), durante la ricreazione, mangio un panino. Dopo la scuola, alle 3:30 (tre e mezza), gioco a pallacanestro con i miei amici. Alle 3.45 (quattro meno un quarto) torno a casa e alle 4:00 faccio i compiti nella mia camera. Dopo alle 6.30 (sei e mezza) vado in palestra. Alle 10:00 guardo la televisione, e dopo vado a letto alle 11:00.

5. Listening slalom: follow the speaker and number the boxes accordingly

a. Mi chiamo Miriam. Mi sveglio. Dopo mi alzo. Dopo faccio la doccia e poi esco di casa. Dopo, vado a scuola in macchina con mio padre..
b. Mi chiamo Lucio. Mi alzo, dopo faccio colazione. Dopo mi vesto e poi mi pettino. Dopo faccio i compiti.
c. Mi chiamo Paola. Mi faccio la doccia, dopo vado in palestra. Piu tardi preparo lo zaino e poi esco di casa. Dopo vado a scuola.
d. Mi chiamo Sofia. Mi vesto, esco di casa e vado a scuola. Torno a casa alle quattro e mi rilasso un po'.

6. Narrow listening: gapped translation

Mi chiamo Valentina. Ho **dodici** anni. Sono di **Taranto**. La mia routine quotidiana è molto **semplice**. Generalmente, mi alzo **presto**, verso le cinque e mezza. Dopo faccio la doccia e mi vesto. **Dopo**, faccio colazione con i miei fratelli. Dopo mi **lavo i denti** e preparo lo **zaino**. Verso le sette e un **quarto** esco di casa e vado a scuola. **Torno** a casa verso le quattro. Poi mi rilasso **un po'**. Generalmente leggo i miei fumetti **preferiti**. Dalle sei alle **sette** faccio i compiti. Poi, alle otto, **ceno**. Dopo, leggo un **libro** o navigo in **Internet**. Poi **vado a letto** alle dieci e trentacinque.

7. Fill in the grid: What do the different people do?

a. Ciao, mi chiamo Viviana e vivo in campagna. Tutti i giorni alle sette e mezza faccio la doccia. Dopo esco di casa e vado a scuola in bicicletta, alle otto e un quarto. A mezzogiorno pranzo. Più tardi, dalle tre alle quattro gioco a pallacanestro con i miei amici. Dalle sei alle otto faccio i compiti e dopo, alle otto e mezza, mi metto in internet per guardare i video di Tiktok con la gente che balla.
b. **Mia madre** prepara la colazione alle sette e mezza e dopo va a lavoro alle otto e un quarto. A mezzogiorno pranza, mangia un'insalata. Alle tre torna a casa a cavallo. Dopo va al centro sportivo alle sei. Poi, alle otto e mezza si rilassa e guarda una serie su Netflix.
c. **Mio padre** si sveglia alle sette e fa la doccia alle sette e mezza. Esce di casa alle otto e un quarto. A mezzogiorno mangia una bistecca con le verdure. Dalle tre alle quattro lui rimane in ufficio. Dopo alle sei torna a casa in autobus. Prima di andare a dormire, dalle otto e mezza alle undici guarda video su Youtube.
d. **Mia sorella** si alza alle sette e un quarto e si veste alle sette e mezza. Dopo va all'università alle otto e un quarto. Studia scienze. A mezzogiorno va in palestra. Dopo alle tre va a lezione di biologia. Dalle sei alle otto gioca con il computer e un po' più tardi, alle otto e mezza, chiacchiera con il suo amico Filippo.

ANSWERS

Unit 12. Talking about my daily routine: LISTENING

1. Listen and fill in the gaps

a. Sono le sei e **un quarto.**
b. È l' **una.**
c. Sono le sette e **mezza.**
d. Mi alzo verso le **sei.**
e. Esco di casa alle **sei** e mezza.
f. Vado a scuola alle sette **meno** un quarto.
g. Pranzo a **mezzogiorno.**
h. Faccio i compiti **verso** le cinque.
i. Vado a letto **verso** le nove.

2. Multiple choice quiz: daily routine times

a. 7:00 am	b. 10:10 am	c. 3:45 pm	d. 5:45 pm	e.10:25 am
f. 2:30 pm	g. 2:35 pm	h. 12 am	i. 7:45 am	j. 8:15 am

3. Spot the differences and correct your text

a. Mi chiamo Federico. Sono **spagnolo**. Mi **alzo** sempre verso le sei e mezza.
b. Dopo mi faccio la doccia e mi **pettino**.
c. La mattina non faccio colazione, ma mio fratello Valerio fa colazione in **cucina.**
d. Vado a scuola **a piedi** verso le sette e un quarto.
e. Torno a casa verso le **tre e mezza** e dopo mi rilasso un po'.
f. Generalmente, **ascolto la musica** in salotto.
g. Dopo **vado** in internet, guardo una serie su Netflix o guardo i video di TikTok nella mia **camera**.
h. Dopo, alle **sette**, preparo la cena con mia madre in cucina.
i. Adoro preparare **le torte** perché **sono deliziose**.
j. Vado a letto tardi, verso le **dodici**.

4. Listen and write in English what Carmen does at each time

6:30 Shower
8:00 Has her first lesson of the day
3:30 Plays basketball with friends after school
6:30 Goes to the gym
11.00 Goes to bed
7:15 Goes to school by bike
9:15 She has a bread roll
4:00 Does her homework
10:00 Watches television

5. Listening slalom: follow the speaker and number the boxes accordingly

a. Miriam	b. Lucio	c. Paola	d. Sofia
(a) Mi sveglio.	Mi alzo, (b)	Mi faccio la doccia, (c)	Mi vesto (d)
dopo vado in palestra (c)	**Dopo mi alzo. (a)**	dopo faccio colazione. (b)	Esco di casa (d)
e vado a scuola. (d)	Dopo mi vesto (b)	Più tardi preparo lo zaino (c)	**Dopo faccio la doccia (a)**
e poi esco di casa. (a)	e poi esco di casa (c)	e poi mi pettino. (b)	Torno a casa alle quattro (d)
Dopo faccio i compiti. (b)	e mi rilasso un po'. (d)	**Dopo vado a scuola in macchina con mio padre. (a)**	Dopo vado a scuola. (c)

6. Narrow listening: gapped translation

My name is Valentina. I am **twelve**. I am from **Taranto**. My daily routine is very **simple**. Generally, I get up **early**, at around five thirty. Then I shower and I get dressed. **Then**, I have breakfast with my brothers. Then, I **brush my teeth** and prepare my **schoolbag**. At around **quarter** past seven I leave home and go to school. I **return** home at around four. Then I relax **a bit**. Generally, I read my **favourite** comics. From six to **seven** I do my homework. Then, at eight, I have **dinner**. Afterwards, I read a **book** or go on the **internet**. Then I **go to** bed at 10:35.

7. Fill in the grid: What do the different people do?

	a. Me (Viviana)	b. My mother	c. My father	d. My sister
At 7:30	shower	prepares breakfast	showers	gets dressed
At 8:15	I go to school by bike	goes to work	leaves the house	goes to university
At 12:00	I have lunch	has lunch – has a salad	has lunch - has a steak with vegetables	goes to the gym
From 3:00 to 4:00	play basketball with friends	comes back home (on horseback)	is in the office	goes to her biology lesson
From 6:00 to 8:00	I do my homework	goes to the sports centre	comes back home (by bus)	plays on the computer
From 8:30 to 11:00	surf the web	watches a series on Netflix	watches videos on Youtube	chats with her friend, Filippo

Unit 12. Talking about my daily routine: VOCAB BUILDING (Part 1)

1. Match up

mi alzo – I get up **vado a scuola** – I go to school **vado a letto** – I go to bed **pranzo** – I have lunch **ceno** – I have dinner **faccio colazione** – I have breakfast **faccio i compiti** – I do my homework **torno a casa** – I go back home

2. Translate into English

a. I get up at 6 a.m. b. I go to bed at 11 p.m. c. I have lunch at noon/midday/12pm
d. I have breakfast at 7 a.m. e. I go back home at 3:30 p.m. f. I have dinner at around 9 p.m. and then I rest
g. I watch TV around 4 p.m. h. I go to school at 8 a.m. i. I go to the gym at around 8:15

3. Complete with the missing words

a. **Vado** a scuola. b. **Esco** di casa. c. **Mi** lavo i de**nti.** d. **Guardo** la televisione.
e. **Faccio** i compiti. f. **Vado al** lavoro. g. **Gioco** sul telefonino. h. **Pranzo** all'una.

4. Complete with the missing letters

a. **Fa**ccio la doccia. b. **To**rno a **c**asa. c. **Gi**oco sul **telefo**nino. d. **Pra**nzo. e. **C**eno. f. **Va**do a scuola. g. Mi **alzo**.
h. Va**do** a le**tto**. i. **Gua**rdo la televisione.

5. Faulty translation - spot and correct any translation mistakes. Not all translations are wrong.

a. I always ~~shower~~ **get up** at 6am
b. I go to bed at ~~noon~~ **midnight**
c. I do my homework on ~~Tuesday~~ **Monday**
d. I have lunch **OK.**
e. I ~~come back from~~ **go to** school
f. I ~~leave the house~~ **come back home**
g. I watch television **OK**
h. I leave ~~school~~ **home**
i. On ~~Friday~~ **Saturday** I play ~~music~~ **the piano**

6. Translate the following days and times into Italian

a. Lunedì alle sei e mezza di mattina. b. Giovedì alle sette e mezza di mattina.
c. Domenica alle otto e venti di sera. d. Mercoledì a mezzogiorno.
e. Venerdì alle nove e venti di mattina. f. Martedì alle undici di sera.
g. Sabato a mezzanotte. h. Oggi alle cinque e un quarto del pomeriggio.

Unit 12. Talking about my daily routine: VOCAB BUILDING (Part 2)

1. Complete the table

vado a letto – **I go to bed**
mi alzo – **I get up**
alle otto e un quarto – **At 8:15**
ceno – I have dinner
esco di casa – I leave the house
vado a scuola – **I go to school**
mi vesto – **I get dressed**
mi rilasso – I relax
torno a casa – I go back home
pranzo – **I have lunch**
gioco sul telefonino **– I play on my mobile phone**
faccio colazione – **I have breakfast**
faccio i compiti – I do my homework

2. Complete the sentences using the words in the table below

a. alle sette e **mezza** b. **verso** le cinque c. alle **otto** del mattino d. a **mezzogiorno** e. alle **undici** e un quarto
f. verso le tre **meno** venti g. a **mezzanotte** h. verso **le** quattro i. **alle** sette e venti j. alle otto meno **cinque**

3. Translate into English (numerical)

a. At 8:30 b. At 9:15 c. At 9:55 d. At 12 pm e. At 12 am f. At 10:55 g. At 12:20 h. At 6:30

4. Complete

a. al**le cinque** e m**ezza** b. ve**rso le** otto e u**n** q**uarto** c. a m**ezzogiorno**
d. verso **le otto** m**eno** un q**uarto** e. a m**ezzanotte** f. a**lle** u**ndici** e m**ezza** g. dal**le** t**re** alle qua**ttro**

5. Translate the following into Italian

a. Vado a scuola verso le otto. b. Torno a casa verso le Quattro. c. Ceno alle sette e mezza.
d. Faccio i compiti verso le cinque e mezza. e. Faccio colazione alle sette meno un quarto.
f. Vado a letto a mezzanotte. g. Pranzo a mezzogiorno.

Unit 12. Talking about my daily routine: READING (Part 1)

1. Answer the following questions about Hiroto

a. Japan. b. At around 6. c. With his father and his younger brother. d. At around 7.30 a.m. e. Until 6 p.m. f. Because it is fun.

2. Find the Italian for the phrases below in Hiroto's text

a. verso le undici b. con i miei amici c. vado in bici d. vado al parco e. faccio la doccia e mi vesto f. non mangio molto g. dalle sei alle sette e mezza h. faccio i compiti

3. Complete the statements below about Andreas' text

a. He gets up **early** at around **five o'clock.**
b. He comes back from school at **around 3:30** p.m.
c. For breakfast he eats **fruit.**
d. He has breakfast with **his mother and his sister.**
e. After getting up he **goes jogging** and then showers.
f. Then he brushes his teeth and then **he prepares his schoolbag**. Around 7:15 he **goes to school.**
g. Usually he **plays on the Playstation** until midnight, but his mum **doesn't like it.**

4. Find the Italian for the following chunks in Raul's text

a. sono messicano b. faccio la doccia c. con i miei fratelli d. mi riposo un po' e. mangio riso o insalata f. navigo su internet g. ceno alle sette e mezza

Unit 12. Talking about my daily routine: READING (Part 2)

1. Find the Italian for the following in Yang's text

a. sono cinese b. la mia giornata tipica c. faccio una doccia d. preparo lo zaino e. verso le sette e mezza f. non mangio molto g. guardo la televisione h. vado a scuola i. faccio i compiti j. dalle sei alle sette e mezza k. guardo un film

2. Translate these items from Kim's text

a. sono inglese b. normalmente c. verso le cinque e mezza d. con mia madre e la mia sorellastra e. torno a casa f. dopo le tre g. ceno con la mia famiglia h. mi riposo un po' i. mi lavo i denti j. faccio una corsa

3. Answer the following questions on Anna's text

a. Italian . b. At 6:15. c. She surfs on the internet, watches television or reads fashion magazines. d. By bus. e. With her older sister. f. At around 11:30. g. She eats fruit or salad. h. She reads a book or plays on her tablet.

4. Find Someone Who...

a. Anna b. Anna c. Anna d. Kim e. Yang. f. Kim g. Kim

Unit 12. Talking about my daily routine: WRITING

1. Split sentences

Vado a scuola **in autobus** Torno a **casa** Faccio i **compiti** Guardo **la televisione** Gioco sul **telefonino** Mi alzo **verso le sei** Vado a letto **alle dieci e mezza** Esco **di casa**

2. Complete with the correct option

a. Mi alzo **alle** sette del mattino. b. Faccio **i** compiti. c. Guardo **la** televisione. d. **Gioco** sul telefonino. e. Vado a **letto** alle undici. f. Torno **a** casa. g. Esco di **casa.** h. Vado a scuola **in** autobus.

3. Spot and correct the grammar and spelling mistakes [in several cases a word is missing]

a. Vado a s**c**uola in bici. b. Mi alzo a**lle** sette e mezza. c. Esco **di** casa alle otto. d. Torno ~~al~~ **a** casa.
e. Vado **a** scuola in autobus. f. Vado ~~di~~ **a** letto verso le dieci. g. Ceno alle ot**t**o meno **un** quarto.
h. Faccio **i** compiti alle cinque e mezza.

4. Complete the words

a. qu**arto** – quarter b. me**zzo**/me**zza** – half c. al**le** di**eci** – at 10 d. v**erso** l**e** s**ei** – at around six
e. al**le otto** – at 8 f. ve**nti** – twenty g. p**oi** – then h. p**ranzo** – I have lunch
i. e**sco** di casa – I leave home j. **gioco** – I play

5. Guided writing – write 3 short paragraphs in the first person [I] using the details below

June: Mi chiamo June. Mi sveglio alle sei e mezza e verso le sette mi faccio la doccia. Vado a scuola alle otto e cinque e verso le tre e mezza torno a casa. Alle sei guardo la televisione, poi ceno alle otto e dieci. Vado a letto alle undici e dieci.
Frank: Mi chiamo Frank. Mi sveglio alle sei e quaranta. Alle sette e dieci faccio la doccia. Vado a scuola alle otto meno venti e verso le quattro torno a casa. Guardo la televisione verso le sei e mezza, poi alle otto e un quarto ceno. Vado a letto verso mezzanotte.
Anita: Mi chiamo Anita. Mi sveglio verso le sette e un quarto. Alle sette e mezza faccio la doccia. Vado a scuola verso le otto e alle tre e un quarto torno a casa. Guardo la televisione alle sette meno venti e verso le otto e venti ceno. Alle undici e mezza vado a letto.

TERM 3 – BRINGING IT ALL TOGETHER – 12

1. Complete the sentences below using paragraphs 1, 2 and 3 as reference

a. My name is Aoife and I am **15** years old. b. Today I am feeling **happy.**
c. My mother is more **patient** than my father. d. My grandparents are very kind and **good.**
e. Conor enjoys playing **the drums.** f. Conor is very intelligent and **hard-working.**
g. He is more **handsome** than Aoife.

2. Find the Italian equivalent for the following in paragraph 4

a. simple: **semplice** b. early: **presto**
c. then: **poi** d. I get dressed: **mi vesto**
e. around: **verso le** f. I have breakfast: **faccio colazione**
g. I brush my teeth: **mi lavo i denti** h. on horseback: **a cavallo**

3. Answer (in English) the following questions about paragraphs 5 and 6

a. Italian. b. She likes to sing and speak in Italian, she has a lot of friends and the teacher is funny.
c. It's boring. d. It's useful for the future. e. Goes back home. f. Listens to music and chats with her friends.
g. She does her homework and reads a book. h. 8:15 pm. i. Salad. j. Watches a film.
k. With her siblings l. 11:15 pm

4. Find the Italian equivalent in par. 1 to 3

a. same as: **come**
b. birthday: **compleanno**
c. I live: **vivo**
d. older: **maggiore**
e. twin sister: **sorella gemella**
f. funnier: **più divertente**
g. strict: **severo**
h. than: **di**
i. to read: **leggere**
j. books: **libri**
k. to watch: **guardare**
l. talkative: **chiacchierona**
m. hair: **capelli**
n. straight: **lisci**

5. Find the 13 mistakes in the following English translation of paragraph 4

My daily routine is **quite** simple. Generally, I **get up** at around **fifteen to seven**. It is quite **early**. Afterwards, I **shower** and I **brush my hair**. Then, I get dressed and I put on my uniform. Afterwards, I **have breakfast** with my mother and my **sister** Aoife. Afterwards, I brush my **teeth** and prepare my **backpack**. Around **half past seven** I leave the house and go to school with Aoife. We go to school by **horse** because it is fast and **fun**.

6. Answer the questions below on paragraphs 5 and 6 in Italian, as if you were Órla

a. Il tedesco. b. Perché adoro parlare in tedesco e la professoressa spiega bene.
c. È un po' difficile e complicata. d. Verso le tre e mezza. e. I compiti. f. Vado in palestra.
g. Mi metto su internet. h. Con mio fratello e mia sorella. j. Alle undici e un quarto.

7. Identify and translate into English the SEVEN items on the list below which are not included in paragraph 6

a. **dalle...alle** – from... to...
b. sorella
c. dopo
d. **colazione** – breakfast
e. **verso** – at around
f. **un po'** – a bit
g. film
h. compiti
i. **divertente** – fun
j. **semplice** – simple
k. ceno
l. **mi metto**– I put on

Unit 13. Saying where I and others go at the weekend

TRANSCRIPTS

1. Sentence puzzle

a. il fine settimana prossimo b. vado al cinema c. il mio amico va in piscina
d. vorrei andare allo stadio con i miei amici e. vado in centro f. vado al parco per andare in bici
g. vado al cinema per guardare un film h. vado al centro commerciale per comprare delle cose

2. Tick or cross

a. Vado in piscina con i miei amici
b. Il fine settimana prossimo vado in discoteca.
c. Sabato prossimo guardo un film in casa.
d. Vorrei andare allo stadio per giocare a pallacanestro.
e. Il mio amico va al parco.
f. Mio fratello fa sport dopo la scuola.
g. Vorrei guardare una partita di calcio in televisione.
h. Domani gioco ai videogiochi.

3. Listen and fill in the gaps

a. Il **fine** settimana **prossimo** vado al **parco.**
b. Vado **al** centro **commerciale** per comprare **vestiti.**
c. Il mio **migliore** amico va in **spiaggia** per **prendere** il sole.
d. Vado **al** parco **per** fare **sport.**
e. Vorrei **andare** allo **stadio** per guardare una **partita.**
f. Vado **al** cinema per **guardare** un **film.**
g. Vado al **parco** per **andare** in bici con **i** miei amici.
h. Vado **in** discoteca **con** mia **sorella** maggiore.

4. Break the flow

a. Vado al parco. b. Vado al cinema. c. Vado in spiaggia.
d. Il mio amico va in piscina. e. Vado al centro commerciale. f. Vorrei andare allo stadio.
g. Vado al parco per andare in bici. h.Vado allo stadio.

5. Spot and cross out the intruder in each sentence

a. Il fine settimana prossimo vado in discoteca.
b. Vado allo stadio per guardare una partita di calcio.
c. Il mio amico Pietro va al parco con mio fratello.
d. Sabato mia sorella va al centro commerciale.
e. Domai vado in piscina. Sarà rilassante!
f. Il fine settimana prossimo vado in spiaggia.

6. Faulty translation: spot and fix the translation errors

a. Vado in piscina. d. Vado in centro.
b. Vado allo zoo. e. Vado al centro commerciale.
c. Vado allo stadio. f. Vado in vacanza.

7. Gapped translation: word level

Il fine settimana prossimo faccio molte cose. Innanzitutto, **venerdì**, dopo la scuola, vado al **centro commerciale** con mia madre e mia **sorella** per comprare vestiti e altre **cose**. Sarà un po' **noioso**. Sabato vado al parco per **andare** in **bici** e dopo gioco **a calcio** con i miei amici. Sarà **divertente**. Di sera andiamo al **ristorante** con i miei genitori. Domenica vado in **palestra** con mio **fratello** per fare pesi. Sarà **stancante**. Dopo vado in **discoteca** con il mio **amico** Dino.

8. Write in the places each person is going to go to

a. Vado al ristorante.
b. Vado in piscina.
c. Vado al centro commerciale.
d. Vado al parco.
e. Vado allo stadio.
f. Vado in spiaggia.
g. Vado al cinema.

9. Gapped translation: phrase level

a. Sabato vado **al parco per andare in bicicletta.**
b. Domenica vado in **piscina per nuotare.**
c. Il fine settimana prossimo vado in **palestra per fare pesi.**
d. Sabato vado **in spiaggia per prendere il sole.**
e. Domenica vado allo **stadio per guardare una partita.**
f. Sabato vado **al centro commerciale per comprare delle cose.**
g. Il fine settimana prossimo vado **al cinema per guardare un film.**

10. Arrange in the correct order

Il fine settimana prossimo
faccio molte cose.
Per prima cosa il sabato
vado in palestra con mio fratello
per fare pesi
ed in piscina per nuotare.
Poi, domenica
vado allo stadio
con i miei amici
per guardare una partita dell'Inter

11. Broken words

a. V**ado** al ci**nema** per guard**are** un film.
b. Il fin**e** setti**ma**na pross**imo** vado al par**co.**
c. Saba**to** vado allo st**adio.**
d. Domeni**ca** vado in pa**le**str**a.**
e. Sa**rà** stanca**nte** ma divert**en**t**e.**
f. V**ado** al ce**ntro** co**mm**erciale.
g. Vado **in** pisc**ina** per nuot**are.**
h. Vado **al** ristor**ante** per mangiare con la mi**a** famig**lia.**

12.Listening slalom

a. Il fine settimana prossimo vado in palestra per fare pesi con mio fratello maggiore. Sarà stancante.
b. Sabato prossimo vado in piscina per nuotare con i miei amici. Sarà rilassante.
c. Domenica prossima vado al centro commerciale con mia sorella per comprare vestiti ed altre cose. Sarà un po' noioso.
d. Oggi vado al parco per andare in bici con il mio migliore amico. Sarà divertente.

ANSWERS

Unit 13. Talking about weekend plans: LISTENING

1. Sentence puzzle

a. il fine settimana prossimo b. vado al cinema c. il mio amico va in piscina
d. vorrei andare allo stadio con i miei amici e. vado in centro f. vado al parco per andare in bici
g. vado al cinema per guardare un film h. vado al centro commerciale per comprare delle cose

2. Tick or cross

a. piscina √ b. discoteca √ c. cinema x d. stadio √ e. centro x f. sport √
g. partita √ h. palestra x

3. Listen and fill in the gaps

a. Il **fine** settimana **prossimo** vado al **parco.**
b. Vado **al** centro **commerciale** per comprare **vestiti.**
c. Il mio **migliore** amico va in **spiaggia** per **prendere** il sole.
d. Vado **al** parco **per** fare **sport.**
e. Vorrei **andare** allo **stadio** per guardare una **partita.**
f. Vado **al** cinema per **guardare** un **film**.
g. Vado al **parco** per **andare** in bici con **i** miei amici.
h. Vado **in** discoteca **con** mia **sorella** maggiore.

4. Break the flow

a. Vado al parco. b. Vado al cinema. c. Vado in spiaggia.
d. Il mio amico va in piscina. e. Vado al centro commerciale. f. Vorrei andare allo stadio.
g. Vado al parco per andare in bici. h. Vado allo stadio.

5. Spot and cross out the intruder in each sentence

a. Il fine settimana ~~NO~~ prossimo vado in discoteca.
b. Vado allo stadio per guardare ~~IN~~ una partita di calcio.
c. Il mio amico Pietro va al parco con ~~IL~~ mio fratello.
d. ~~IL~~ sabato mia sorella va al centro commerciale.
e. Domani vado in piscina. Sarà ~~MOLTO~~ rilassante!
f. Il fine ~~ALLA~~ settimana prossimo vado in spiaggia.

6. Faulty translation: spot and fix the translation errors

a. I am going to the pool.
b. I am going to the zoo.
c. I am going to the stadium.
d. I am going to the centre.
e. I am going to the shopping centre.
f. I am going on holiday.

7. Gapped translation: word level

Next weekend I am doing many things. First of all, on **Friday**, after school, I am going to go to the **shopping centre** with my mother and **sister** to buy clothes and other **things**. It will be a bit **boring**. On Saturday I will go to the park to **ride** my **bike** and after that I am playing **football** with my friends. It will be **fun**. In the evening we are going to the **restaurant** with my parents. On Sunday I will go to the **gym** with my **brother** to lift weights. It will be **tiring**. After that, I am going **to the disco** with my **friend** Dino.

8. Write in the places each person is going to go to

a. Restaurant b. Swimming pool c. Shopping centre d. Park e. Stadium f. Beach g. Cinema

9. Gapped translation: phrase level

a. park to ride my bike
b. swimming pool to swim
c. gym to lift weights
d. beach to sunbathe
e. stadium to watch a match
f. shopping centre to buy things
g. cinema to watch a movie

10. Arrange in the correct order

Next weekend - I'm doing many things. - First, on Saturday - I'm going to the gym with my brother - to do weights - and to the pool to swim. - Then, on Sunday - I'm going to the stadium - with my friends - to watch an Inter Milan match.

11. Broken words

a. V**ado** al ci**nema** per guard**are** un film.
b. Il fin**e** setti**ma**na pross**imo** vado al par**co.**
c. Saba**to** vado allo st**adio.**
d. Domeni**ca** vado in pa**le**str**a.**
e. Sa**rà** stanca**nte** ma divert**ente.**
f. V**a**do al ce**ntro** co**mm**erciale.
g. Vado **in** pis**cina** per nuot**are.**
h. Vado **al** ristor**ante** per mangiare con la mi**a** famiglia.

12.Listening slalom

a. Il fine settimana prossimo vado in palestra per fare pesi con mio fratello maggiore. Sarà stancante.
b. Sabato prossimo vado in piscina per nuotare con i miei amici. Sarà rilassante.
c. Domenica prossima vado al centro commerciale con mia sorella per comprare vestiti ed altre cose. Sarà un po' noioso.
d. Oggi vado al parco per andarein bici con il mio migliore amico. Sarà divertente.

12. Listening slalom

a.	b.	c.	d.
a. Next weekend	b. Next Saturday	c. Next Sunday	d. Today
b. I am going to the swimming pool **(b)**	a. I am going to the gym **(a)**	d. I am going to the park **(d)**	c. I am going to the shopping centre **(c)**
a. to do weights **(a)**	d. to ride my bike **(d)**	c. with my sister **(c)**	b. to swim **(b)**
d. with my best friend. **(d)**	c. to buys clothes and other things. **(c)**	b. with my friends. **(b)**	a. with my older brother. **(a)**
b. It will be relaxing **(b)**	d. It will be fun **(d)**	a. It will be tiring **(a)**	c. It will be a bit boring **(c)**

Unit 13. Talking about weekend plans: VOCABULARY BUILDING

1. Gapped translation

a. vado al parco	*I am going to go to the* ***park***
b. vado in centro	*I am going to the* ***centre***
c. vado in piscina	*I am going to go to the* ***swimming pool***
d. vado in palestra	*I am going to go to the* ***gym***
e. vado al centro commerciale	*I am going to go to the* ***mall***
f. sarà stancante	*it will be* ***tiring***
g. sarà rilassante	*it will be* ***relaxing***
h. sarà noioso	*it will be* ***boring***
i. sarà divertente	*it will be* ***fun***

2. Match

piscina – pool **stancante** – tiring **spiaggia** – beach **bici** – bike **ristorante** – restaurant **centro** – centre **parco** – park **palestra** – gym

3. Faulty translation

a. Vado al centro commerciale per comprare delle cose. *I am going to the mall to buy **things.***
b. Vado in piscina per nuotare. *I am going to the swimming pool to **swim.***
c. Vado al parco per andare in bici. *I am going the park to **ride the bike.***
d. Vado in spiaggia per prendere il sole. *I am going to the beach to **sunbathe.***
e. Vado al centro commerciale per comprare vestiti. *I am going to the **shopping centre** to **buy clothes.***
f. Vado in centro. Sarà rilassante. *I am going to the centre. It will be **relaxing.***
g. Mia sorella va in discoteca. Sarà divertente. *My sister is going to **the disco**. It will be fun.*
h. Il mio migliore amico va allo stadio. *My best friend is going to the **stadium.***

4. Complete with the correct option

a. vado **al** parco b. il fine settimana **prossimo** c. vado **in** spiaggia d. vado a **pesca**
e. mi piacerebbe andare in **discoteca** f. vado **in** discoteca g. per **prendere** il sole h. per andare in **bici**

5. Sentence puzzle

a. vado al parco b. il mio amico va allo stadio c. vado in centro d. vado in piscina
e. vado al centro commercialev f. mia sorella va in discoteca g. vado in palestra h. per comprare delle cose
i. vorrei andare in spiaggia j. mio fratello va al ristorante

Unit 13. Talking about weekend plans: VOCAB BUILDING

6. Find the Italian for the words/phrases below

a	n	d	a	r	e	i	n	b	i	c	i	
c	e	n	t	r	o	p						
		a	a	i	g	g	a	i	p	s		
		n						r			a	
		d							c		c	
		a							p	o	e	
		r							i		t	
		e	p	a	r	c	o		s		o	
			v	o	r	r	e	i	c		c	
s	t	a	n	c	a	n	t	e	i		s	
p	a	l	e	s	t	r	a		n		i	
									a		d	

7. Break the flow

a. Vado al centro commerciale per comprare cose. b. Vado in centro per comprare vestiti.
c. Vado al parco per andare in bici. d. Vado in discoteca. Sarà divertente.
e. Vado in palestra per fare pesi. Sarà stancante. f. Vado in piscina per nuotare. Sarà rilassante.

8. Translate into English

a. I am going to the centre. b. I am going to the swimming pool. c. I am going to the gym.
d. I am going to the sports centre. e. I am going to the park to ride the bike. f. I am going on holiday.

9. Tick the 3 sentences which are error free and cross & correct the ones which contain errors

a. vado **al** parco
b. vado per comprare delle cose √
c. vado **in** discoteca
d. vado in palestra √
e. ...per andare **in** bici
f. il fine ~~**di**~~ settimana prossimo
g. sarà rila**ss**ante
h. vorrei ~~**a**~~ andare a
i. sarà noioso √

10. Split sentences

vado al	parco
vado in	centro
vado in piscina	per nuotare
vado al centro	commerciale
sarà	stancante
vorrei	andare in spiaggia
vado al cinema per	guardare un film
vado al parco per	andare in bici

11. Complete with the missing letters

a. vado in cen**tro.** b. vado in bi**ci.** c. sarà stanca**nte.** d. vorrei andare in disco**teca.** e. non vado al cin**ema.** f. sarà rilassa**nte.** g. vado al par**co.** h. sarà diverte**nte.**

Unit 13. Talking about weekend plans: READING

1. Find the Italian for the following in Yang's text

a. non faccio molto b. sabato c. gioco a scacchi d. il fine settimana prossimo e. molto sport f. per andare in bici g. giocare a pallacanestro h. domenica i. vado j. fratello maggiore k. dopo l. per fare pesi

2. Complete based on Kim's text

a. On weekends I do a lot of **sport** b. In the morning I go **jogging** in the park.
c. The football pitch is **near** my house d. Next weekend I am **not** doing sport.
e. On Saturday I am going **to go shopping** with my parents and I am going to buy a new **phone.**
f. On Sunday I am going to the park to **play basketball**.
g. After the cinema I am going to **go to my best friend's home** to play PlayStation.

3. Answer the following questions on Anna's text

a. Goes to the shopping centre, reads a book or watches TV. b. Clothes and a new computer. c. A comedy. d. Goes running. e. She is doing exercise. f. Go for a walk.

4. Find someone who, next weekend, is going to...

a. Anna b. Anna c. Kim d. Yang e. Yang f. Kim g. Yang

Unit 13. Talking about weekend plans: WRITING

1. Broken words

a. vado al ci**ne**ma con i mi**ei** amic**i** b. i**l** fin**e** settimana pross**imo** c. vorr**ei** anda**re** al par**co**
d. vad**o** al centr**o** commerciale con mi**o** padre e. vado **in** pales**tra** p**e**r fa**re** pes**i**
f. mio fratello v**a** in c**e**ntro con mia madre g. il mi**o** migli**o**re amic**o** v**a** in spiaggi**a** per pr**e**ndere il s**o**le
h. vado allo sta**dio** per guard**are** una partit**a**

2. Anagrams: unscramble the weird word

a. vado in **centro** b. sarà **divertente** c. vorrei andare a **pesca** d. vado in **piscina**
e. il mio **migliore** amico va in palestra f. vado allo stadio **per** guardare una partita
g. vado in spiaggia per **prendere** il sole h. il fine settimana **prossimo** vado al parco

3. Tangled translation: into Italian

a. vado in **piscina** b. il mio **migliore** amico **va** in **palestra**
c. mio fratello **maggiore** va allo stadio **per guardare** una partita d. vado in **spiaggia** per prendere il **sole**
e. **il** fine settimana **prossimo** vado al **parco** f. **vorrei** andare **in centro**
g. vado **al** centro **commerciale** per **comprare** vestiti **e** altre **cose** h. **sarà** divertente ma **stancante**

4. Spot and correct the errors

a. vado **in** piscina b. la settimana **prossima** vado al parco c. vorrei andare in spiaggia **per** prendere il sole
d. vado al cinema per guardare **un** film e. la mia migliore amica **va** in palestra
f. mio fratello va **allo** stadio g. vado **al** centro commerciale per comprare **delle** cose
h. vado **in** spiaggia per **nuotare**

5. Translate into Italian

a. Il fine settimana prossimo vado al parco per andare in bici.
b. Sabato prossimo vado al cinema per guardare un film.
c. Domenica prossima vado in spiaggia con i miei amici.
d. Vado in palestra per fare pesi. Sarà stancante.
e. Il fine settimana prossimo il mio amico va allo stadio per guardare una partita.
f. Vado al parco per andare in bici.
g. Il mio amico va al centro commerciale per comprare vestiti.
h. Vado in centro per comprare delle cose.
i. Vado al centro sportivo per nuotare.

TERM 3 - BRINGING IT ALL TOGETHER - 13

1. Find the Italian for the following in the paragraphs indicated in brackets

a. una città grande b. felice c. dopo d. affettuosa e. andiamo sempre f. ballare g. bella
h. più di i. Semplice j. mi sveglio presto k. faccio colazione l. esco di casa m. adoro
n. le mie canzoni o. mi aiutano p. faccio q. vado

2. Complete the following translation of paragraph 4

My daily routine is quite **simple**. In general, I wake up **early**, at around seven o'clock in the **morning**. Afterwards I wash and **get dressed**. Then at about seven-thirty, I **have breakfast** with my father and my mother. After that I **prepare** my **schoolbag** and **leave the house**.

3. Correct the 10 mistakes in the following translation of paragraph 7

Next **weekend** I am going to do a lot of **sport**. On **Saturday**, I am going to go to the park to ride my **bike** and to the **sport centre** to play **basketball** with my friends. On **Sunday** I am going to go to the **swimming pool** to swim with my **older** brother and then to the gym to lift **weights**. It will be fun!

4. Answer the following questions about paragraphs 1 to 4 in Italian, as if you were Annike

a. Vivo a Vienna. b. Sono molto felice perché dopo vado a guardare una partita di calcio. c. Quattro.
d. Molto simpatica. e. Christian e Beatrice. f. Sono molto simpatici. g. Mia sorella Sonja. h. Alle sei e mezza.
i. Faccio la doccia e mi lavo la faccia. j. In cucina. k. Vado a scuola.

5. Find the Italian equivalent for the following in paragraphs 5 and 6

a. la mia materia preferita b. adoro lavorare c. in futuro d. come mio padre
e. è abbastanza buona f. ci danno sempre g. imparo molto h. mi aiutano sempre
i. posso imparare molte cose

6. Paragraph 7 was copied incorrectly. Spot and correct the 10 mistakes

Il fine settimana **prossimo** faccio molte **cose** con i miei amici. ~~**Il**~~ sabato, vado al centro commerciale per comprare ~~al~~ cose e **vado** al mio ristorante italiano **preferito**. Domenica **vado** in palestra per **fare** pesi e dopo vado al **cinema** per guardare un **film**. Sará divertente.

7. Translate the following phrases from paragraph 7 into English

a. to do many things b. to buy some things c. to do weights d. to watch a film e. it will be fun

TERM 3 - MIDPOINT - RETRIEVAL PRACTICE

1. Answer the following questions in Italian – Students' own answers

2. Write a paragraph in the first person singular (I) providing the following details

Mi chiamo Lorenzo ed ho dodici anni. Sono svizzero ma vivo a Londra. La mia routine quotidiana è semplice: mi sveglio tutti i giorni alle sei, faccio la doccia, faccio colazione con mio fratello e vado a scuola in autobus alle sette e mezza. Torno a casa verso le quattro. Il pomeriggio, faccio i compiti, è molto noioso. Più tardi gioco alla PlayStation, vado in internet e guardo un film in televisione con la mia famiglia. Non mi piace la scuola perché i professori sono troppo severi e ci danno troppi compiti. Però, adoro l'arte perché il professore è divertente e mi aiuta sempre. Il fine settimana prossimo faccio molto sport: vado in palestra, in piscina e gioco anche a tennis. Vado anche al centro commerciale con i miei amici per comprare vestiti. Infine, vado al cinema per guardare un film.

3. Write a paragraph in the third person singular (he/she) providing the following details about a real or fictitious friend

Students' own answers

Unit 14. Things I like/dislike: food

TRANSCRIPTS

1. Listen and fill in the gaps

a. Amo i **calamari.**
b. Adoro il **pesce.**
c. Mi piace molto il **miele.**
d. Preferisco **la marmellata** di fragola.
e. Odio le **verdure.**
f. Mi piacciono un po' le **banane.**
g. Mi piace molto il **formaggio.**
h. Odio le **uova.**
i. Adoro il **pollo arrosto** piccante.

2. Mystery words: guess the words, then listen and see how many you guessed right

a. l' a**cqua** b. il m**i**e**le** c. le u**ova** d. la **c**a**rne** e. il p**esce** f. la m**ela** g. il **pa**n**e** h. il **ri**s**o**

3. Spot the differences and correct your text

a. Amo la frutta, soprattutto le **banane**.
b. Odio la verdura, soprattutto i **pomodori**.
c. Non mi piace il pollo **arrosto**.
d. Mi piace molto **il pesce**.
e. Mi piace **un po'** la pasta.
f. Adoro il succo d' **arancia**.
g. La carne rossa non è **sana**.
h. Il caffè è **disgustoso**.
i. Gli hamburger sono **grassi**.
j. La verdura è **deliziosa**.
k. Le **carote** sono dolci.
l. **Odio** il latte.

4. Listen, spot and correct the spelling and grammar errors

a. Mi **piace** la verdura perché è sana.
b. Adoro **gli** hamburger.
c. Il pesce e la carne sono **saporiti**.
d. Il succo d'arancia mi **piace** un po'.
e. Mangio molto pesce perché **è** ricco di proteine.
f. Non mi piace **la** carne perché è grassa.
g. Amo **il** pollo arrosto perché è saporito.
h. Mi **piacciono** molto i calamari fritti anche se non sono molto sani.

5. Faulty translation: spot the translation errors and correct them

Mi chiamo Filippo. Che cosa mi piace mangiare? Adoro la **verdura** soprattuto le **carote**. Le **mangio** tutti i giorni. Le mie verdure preferite sono i pomodori e **gli spinaci** perché sono **ricchi di vitamine**. Mi piace anche **il miele** perché è **dolce** e **la frutta** perché è **sana**. Odio **la carne** ed **il pesce**. Sono ricchi di proteine ma non sono **saporiti**.

6. Why do they like/dislike these foods?

a. Mi piace la frutta perché è dolce e sana.
b. Mio fratello adora le uova perché sono ricche di proteine e saporite.
c. Silvia odia la verdura perché è disgustosa.
d. A Giacomo piace il pesce perché è salato, saporito e sano.
e. Corinna adora le arance perché sono amare e sane.
f. Raffaele ama il cibo indiano perché è piccante e saporito.
g. Ad Ahmed non piace il maiale a causa della sua religione.
h. A Paola non piacciono i pomodori perché non sono saporiti.
i. Susanna odia le carote perché sono dure e non sono saporite.

7. Listening slalom: follow the speaker from top to bottom and number the boxes accordingly

a. Amo la carne perché è saporita e ricca di proteine. La mangio con l'insalata o patatine fritte.
b. Odio gli spinaci e i pomodori perché sono disgustosi. Preferisco le carote.
c. Non sopporto gli hamburger, le salsicce e le patatine fritte perché non sono sani.
d. Amo il cioccolato e le torte perché sono dolci e deliziosi, anche se non sono molto sani.

8. Answer the questions below about Marta

Ciao, mi chiamo Marta. Vivo a Napoli e ci sono sei persone nella mia famiglia. A mio padre piace mangiare la carne A mia madre non piacciono i pomodori. Mio fratello, Raffaele, mangia sempre il pollo arrosto piccante e le patatine fritte – le adora. A mio fratello, Giacomo, piacciono i frutti di mare e il pesce. E a me? A me piace il pane con il burro e il miele. Però, odio le uova. Secondo me sono disgustose.

ANSWERS

Unit 14. Talking about food - Likes/dislikes and why: LISTENING

1. Listen and fill in the gaps

a. Amo i **calamari.**
b. Adoro il **cioccolato.**
c. Mi piace molto il **miele.**
d. Preferisco la **marmellata** di fragola.
e. Odio le **verdure.**
f. Mi piacciono un po'le **banane.**
g. Mi piace molto il **formaggio.**
h. Odio le **uova.**
i. Adoro il **pollo arrosto** piccante.

2. Mystery words: guess the words, then listen and see how many you guessed right

a. l' a**cqua** b. il mi**ele** c. le u**ova** d. la ca**rne** e. il p**esce** f. la m**ela** g. il **pa**ne h. il **riso**

3. Spot the differences and correct your text

a. Amo la frutta, soprattutto le **banane**.
b. Odio la verdura, soprattutto i **pomodori**.
c. Non mi piace il pollo **arrosto**.
d. Mi piace molto **il pesce**.
e. Mi piace **un po'** la pasta.
f. Adoro il succo d' **arancia**.
g. La carne rossa non è **sana**.
h. Il caffè è **disgustoso**.
i. Gli hamburger sono **grassi**.
j. La verdura è **deliziosa**.
k. Le **carote** sono dolci.
l. **Odio** il latte.

4. Listen, spot and correct the spelling and grammar errors

a. Mi **piace** la verdura perché è sana.
b. Adoro **gli** hamburger.
c. Il pesce **e** la carne sono **saporiti**.
d. Il succo d'arancia mi **piace** un po'.
e. Mangio molto pesce perché **è** ricco di proteine.
f. Non mi piace **la** carne perché è grassa.
g. Amo **il** pollo arrosto perché è saporito.
h. Mi **piacciono** molto i calamari fritti anche se non sono molto sani.

5. Faulty translation: spot the translation errors and correct them

Mi chiamo Filippo. Che cosa mi piace mangiare? Adoro la **verdura** soprattuto le **carote**. Le **mangio** tutti i giorni. Le mie verdure preferite sono i pomodori e **gli spinaci** perché sono **ricchi di vitamine**. Mi piace anche **il miele** perché è **dolce** e **la frutta** perché è **sana**. Odio **la carne** e **il pesce**. Sono ricchi di proteine ma non sono **saporiti**.
"Il Pomodoro è un frutto"

6. Why do they like/dislike these foods?

a. Sweet and healthy b. Rich in protein and tasty c. Disgusting
d. Salty, tasty and healthy e. Bitter and healthy f. Spicy and tasty
g. His religion h. Not tasty i. Hard and not tasty

7. Listening slalom: follow the speaker from top to bottom and number the boxes accordingly

a.	b.	c.	d.
I love (a)	I hate (b)	I can't stand (c)	I love (d)
chocolate (d)	meat (a)	spinach (b)	burgers (c)
and cakes (d)	sausages (c)	because it is (a)	and tomatoes (b)
and fries (c)	because they are sweet (d)	because they are (b)	tasty (a)
and delicious (d)	disgusting. (b)	and rich in protein. (a)	because they are (c)
not (c)	I eat it with salad (a)	I prefer (b)	although they are (d)
not very healthy (d)	healthy (c)	or fries (a)	carrots (b)

8. Answer the questions below about Maite

a. How many people are in Marta's family? – **Six.**
b. What does her father love? – **Meat.**
c. What does her mother hate? – **Tomatoes.**
d. What does her brother Raffaele love? – **Spicy roast chicken and fries.**
e. What does her brother Giacomo love? – **Seafood and fish.**
f. What does Marta love? – **Bread with butter and honey.**
g. What does she hate? – **Eggs.**
h. Why? – **She thinks they are disgusting.**

Unit 14. Talking about food (Part 1): VOCABULARY BUILDING (Part 1)

1. Match up

le banane – **bananas** le fragole – **strawberries** la carne – **meat** il pollo – **chicken** l'acqua – **water**
il latte – **milk** le uova – **eggs** i gamberi – **prawns** gli hamburger – **burgers** la frutta – **fruit**
le mele – **apples**

2. Complete

a. mi piace molto il **pollo** b. adoro i **gamberi** c. mi piacciono le **fragole** d. amo il **latte**
e. adoro le **banane** f. preferisco l'**acqua** minerale g. non mi piacciono i **pomodori** h. odio il **pesce**
i. amo la **frutta** j. non mi piacciono le **uova**

3. Translate into English

a. I like fruit b. I hate eggs c. I love roast chicken d. I like apples e. I hate meat f. I prefer green salad
g. I don't like tomatoes h. I hate milk

4. Complete the words

a. le uo**va** b. le ban**ane** c. la fr**utta** d. le verd**ure** e. gli hamb**urger** f. i ga**mberi** g. i pom**odori**
h. l'ac**qua**

5. Fill the gaps with either 'mi piace' or 'mi piacciono' as appropriate

a. Non **mi piacciono** le uova. b. **Mi piace** l'acqua. c. **Mi piace** il pollo. d. **Mi piacciono** gli hamburger.
e. **Mi piacciono** le verdure. f. **Mi piace** la carne. g. **Mi piace** la frutta. h. **Mi piacciono** i gamberi.
i. **Mi piace** la pasta.

6. Translate into Italian

a. Mi piacciono le uova. b. Amo le arance. c. Odio i pomodori. d. Non mi piacciono i gamberi.
e. Amo il succo di frutta. f. Non mi piacciono le verdure. g. Mi piace molto il latte.
h. Mi piacciono le mele ma preferisco le arance. i. Non mi piace il formaggio.

Unit 14. Talking about food (Part 1): VOCABULARY BUILDING (Part 2)

1. Complete with the missing words. The initial letter of each word is given

a. queste banane sono d**isgustose** b. queste mele sono d**eliziose** c. questo pollo è molto p**iccante**
d. non mi piace la c**arne** e. questo caffè è molto d**olce** f. le salsicce sono m**alsane** g. le verdure sono s**ane**
h. amo il l**atte**

2. Complete the table

il latte – **milk** | **il pollo arrosto** – roast chicken | il pesce – **fish**
le uova – **eggs** | **l'acqua** – water | **il pane** – bread
i cereali – **cereal** | il pane tostato – **toast** | **le verdure** – vegetables

3. Complete with 'mi piace' or 'mi piacciono' as appropriate

a. **mi piacciono** le mele b. **mi piace** il latte c. non **mi piacciono** i cereali d. **mi piace** il pane tostato
e. **mi piace** il succo di frutta f. non **mi piace** la pasta g. **mi piace** il riso h. non **mi piace** il caffé

4. Broken words

a. n**on** mi p**iacciono** l**e** u**ova** b. a**mo** l**e** m**ele** c. o**dio** g**li** h**amburger**
d. m**i** p**iacciono** m**olto** i c**ioccolatini** **e.** i**l** m**io** c**affè** è c**aldo** f. i**l** p**esce** è s**ano** g. i**l** curry indiano è p**iccante**

5. Complete with a suitable word. Make sure each sentence is logical and grammatically correct

a. le **salsicce** non sono sane b. le banane sono **sane** c. non mi **piace** il latte d. mi **piace** il pollo arrosto
e. **mi piace** il pesce perché è saporito f. **odio** la carne rossa perché è malsana g. **amo** le verdure perché sono ricche di vitamine

Unit 14. Talking about food (Part 1): READING

1. Find the Italian for the following in Manuela's text

a. amo i frutti di mare b. mi piacciono molto i gamberi c. sono deliziosi d. perché è saporito
e. mangio il salmone f. mi piace abbastanza g. inoltre h. soprattutto i. non sono saporite

2. Fernando or Manuela? Write F or M next to each statement below

a. ***Manuela*** b. Fernando c. Fernando d. Manuela e. Manuela f. Fernando g. Fernando h. Fernando
i. Fernando

3. Complete the following sentences based on Alessandro's text

a. Alessandro loves **vegetables** b. he eats them **every day** c. his favourite vegetables are **spinach**, **carrots** and **aubergines/eggplants** d. he also likes **fruit** because it is **healthy, refreshing** and **delicious**
e. he hates **meat** and **fish**

4. Fill in the table below (in English) about James

loves – meat **likes a lot** – burgers, fruit **hates** – tomatoes, carrots
doesn't like – vegetables, eggs, fries/chips

Unit 14. Talking about food (Part 1): TRANSLATION 1

1. Faulty translation: spot and correct [IN THE ENGLISH] any translation mistakes you find below

a. I ~~hate~~ **adore** prawns b. I ~~like~~ **hate** ~~meat~~ **chicken** and soup c. I ~~don't~~ **like** honey
d. I love ~~apples~~ **oranges** and grapes e. Eggs are ~~tasty~~ **disgusting** f. Fish is ~~un~~**healthy**
g. I prefer **hot** ~~water~~ **chocolate** h. ~~Fish~~ **bread** is not salty i. Indian curry is ~~sweet~~ **spicy**
j. Chocolates are **un**healthy k. I ~~hate~~ **like** rice because it is gluten-free l. Bananas are rich in ~~protein~~ **vitamins**

2. Translate into English

a. prawns are tasty and healthy b. fish is delicious and rich in vitamins c. chicken is rich in protein
d. I love rice because it is gluten-free e. red meat is unhealthy f. fruit is refreshing and sweet
g. eggs are tasty and rich in protein h. I prefer mineral water i. soup is good and healthy
j. I do not like vegetables k. I like carrots l. this coffee is very sweet m. A disgusting apple. a disgusting apple
n. oranges are disgusting

3. Phrase-level translation (English to Italian)

a. pollo piccante b. questo caffè c. mi piace abbastanza d. molto dolce e. una mela disgustosa
f. delle arance deliziose g. non mi piace/Non mi piacciono h. amo la pizza perché i. è rinfrescante j. acqua minerale
k. è insipido

4. Sentence-level translation (English to Italian)

a. Mi piace molto il pollo piccante. b. Mi piacciono le arance perché sono salutari.
c. La carne è saporita ma malsana. d. Questo caffè è caldo. e. Le uova sono disgustose ma salutari.
f. Amo le arance. Sono deliziose e ricche di vitamine. g. Amo il pesce. È saporito e ricco di proteine.
h. Le verdure sono disgustose. i. Preferisco la frutta perché è rinfrescante. j. Questo tè è dolce.

Unit 14. Talking about food (Part 1): TRANSLATION 2

Paragraph 1: Hi, my name is Albert and I'm Australian. I have breakfast at seven. I like eating fruit because it is healthy. For lunch I eat a cheese sandwich or a vegetables soup. I usually drink water or a lemonade. In the evening, I have dinner at home. I love sausages because they are tasty.

Paragraph 2: Hello, I'm Gloria. Normally for breakfast I eat cereal and I drink a coffee in the kitchen. I usually have lunch around 1pm, I eat a salad or a pizza. I really like it. I never eat chips because in my opinion they are unhealthy. I hate fish because it is bland.

Paragraph 3: Good evening, my name is Yan. I am Chinese but I speak Italian. I usually don't have breakfast because I do not have time. For lunch I always eat rice with vegetables and chicken and I drink tea. I like chocolates even if I prefer bananas and apples. In the evening in my family we have dinner around 7.

Unit 14. Talking about food (Part 1): WRITING

1. Split sentences
Amo il pollo **arrosto.** Odio le verdure perché **sono disgustose.** Preferisco la **pizza.** Questo **caffè è dolce.**
Mi piacciono **le mele.** I calamari fritti sono **saporiti ma malsani.** Adoro l'acqua **minerale.**

2. Rewrite the sentences in the correct order
e.g. amo il pollo arrosto a. odio le verdure b. questo caffè è amaro c. la frutta fa bene alla salute
d. preferisco l'acqua minerale e. le arance sono rinfrescanti f. mi piacciono le uova perché sono deliziose
g. mi piace la carne rossa ma non è sana h. adoro il pesce arrostito i. la frutta è ricca di vitamine
j. mi piace il cibo piccante

3. Spot the mistake and rewrite the correct sentence (there may be missing words)
a. mi **piacciono** le patate fritte e **i** gamberi b. non **mi** piacciono le verdure c. il pollo **è** saporito **e** pic**c**ante
d. adoro il caf**fé** caldo e. preferisco **l'**insala**t**a verde f. odio **la** carne e il pesc**e**

4. Anagrams
a. latte b. gamberi c. carne d. insalata e. piccante f. delizioso g. vitamine

5. Guided writing – write 4 short paragraphs describing the people below using details in the box [using 1st person]

Loretta: Mi chiamo Loretta. Amo la pizza perché è saporita. Mi piace abbastanza il latte perché è salutare, però non mi piace la carne rossa e odio le uova perché sono disgustose.

Eddie: Mi chiamo Eddie e odio la carne perché è malsana. Non mi piace il pesce, però mi piacciono abbastanza le arance perché sono dolci. Amo il pollo perché è sano.

Angela: Mi chiamo Angela e adoro il miele perché è dolce. Non mi piace la frutta e odio le verdure perché sono insipide. Mi piace abbastanza il pesce perché è saporito.

6. Write a paragraph on Sara in Italian [using the third person singular]

Si chiama Sara e ha diciotto anni. È alta, bella, sportiva e amichevole. È una studentessa. Ama il pollo e le piacciono le verdure, però non le piace la carne rossa e odia il pesce.

TERM 3 - BRINGING IT ALL TOGETHER - 14

1. Complete the sentences below based on paragraph 4 in Andrew's text

a. Andrew is **14** years old b. today he is a bit **tired** and stressed c. his **older** sister is called Skye
d. Skye enjoys reading books, **writing** and singing e. Skye has **brown** hair and green eyes
f. Skye is more **studious** than Andrew g. he does sport **every day** h. Andrew gets up very **early**
i. he goes to school **on foot.**

2. Find the Italian for the following in paragraph 5

a. vegetables: **verdure**
b. I eat: **mangio**
c. also: **anche**
d. above all: **soprattutto**
e. beef: **manzo**
f. tasty: **saporita**
g. healthy: **sana**
h. fish: **pesce**
i. what: **che cosa**
j. but: **ma**
k. them: **le**
l. very: **molto**
m. of: **di**
n. only: **solo**
o. once: **una volta**
p. eggs: **uova**

3. Some of the below statements about Andrew are incorrect. Spot them and correct the inaccuracies

a. today, Andrew has **too much** homework b. correct c. they have breakfast in the **kitchen**
d. he goes to school **on foot.** e. he only eats meat **once** a week f. correct g. his favourite subject is **art**
h. correct i. next **Friday** he is going shopping j. he is also watching a movie at **home**

4. Translate the following phrases from paragraphs 1 to 3

a. I live here
b. my older sister
c. calm
d. listens to me
e. water sports
f. sporty and strong
g. long blond hair
h. sportier than me

5. Fix the 10 mistakes in the following English translation of paragraph 4

During the week my daily routine is the same every day. In general, I **wake up** around 7 o'clock in the morning. Then, I wash my **face** and teeth and I **get dressed**. Afterwards, at seven-**fifteen**, I have breakfast with my sister Maisie in the **dining room**. The two of us have toast and cereal with **milk** for breakfast. I always go to school by bus. I like to go to school by bus because I can **chat** with my friends.

6. Answer the questions below about paragraphs 6 and 7 in Italian, as if you were Angus

a. Sì. I professori sono bravi, non mi sgridano e non sono molto severi
b. La cosa più bella è che ho molti buoni amici.
c. Perché sono una persona abbastanza lógica.
d. È severo.
e. In spiaggia.
f. Con i miei amici.
g. Nuotiamo nel mare e prendiamo il sole.
h. Al parco.
i. Gli hamburger e l' insalata.
j. Mia cugina.
k. Perché è vegetariana.
l. Rimango a casa.

Unit 15. My holiday plans

TRANSCRIPTS

1. Listen and fill in the gaps

a. quest'estate **andrò** in vacanza a Cuba b. andrò in **aereo** c. **passeremo** una settimana lí
d. **sarà** divertente e. **starò** in un hotel di lusso f. **ballerò** in discoteca g. **faremo** shopping
h. **mi piacerebbe** fare immersioni i. ci piacerebbe **fare sport**

2. Spot the differences and correct your text

a. quest' **estate** andrò in vacanza in Svizzera b. passerò **due settimane** lí c. andrò con **la mia ragazza**
d. staremo in un hotel **economico** e. farò **sport** f. mio **fratello** comprerà dei **vestiti**
g. andremo in **spiaggia** h. mi piacerebbe **prendere** il sole i. mi piacerebbe **fare immersioni**
j. ci piacerebbe comprare delle **cose**

3. Multiple choice quiz

a. è svizzero b. andrà in aereo c. andrà solo
d. starà in un hotel di lusso e. passerà due settimane lí f. andrà in discoteca
g. prenderà il sole h. sarà fantastico

4. Write in the missing words

a. Quest'estate andrò **in** vacanza a Roma, **in** Italia.
b. **Andrò** in aereo. Passeremo una settimana **lí**.
c. Staremo **in** un hotel **di** lusso.
d. Andrò **in** discoteca perché **mi piacerebbe** ballare. Mia sorella **andrà** a fare shopping...
e. ...e mia madre **andrà** a comprare regali.
f. Inoltre, faremo un giro turistico perché **ci piacerebbe** vedere molti monumenti **lí**.

5. Listen, spot and correct the spelling and grammar errors

a. Questa estate **andrò** in vacanza **in** aereo.
b. **Passerò** due **settimane** lì
c. Andrò con **tutta la mia famiglia**.
d. Staremo in **un** hotel di **lusso** con **la** piscina vicino alla **spiaggia.**
e. La mattina andremo **in** spiaggia.
f. Il pomeriggio **andremo** a fare shopping e **andremo a fare** un giro turistico.
g. Verso le otto andremo a cenare in **un ristorante** locale per mangiare dei piatti tipici.
h. La sera, io e mia sorella andremo **in** discoteca.
i. Mi piacerebbe anche imparare **un** ballo tipico. **Sarà** fantastico.

6. Listen to Carlo and answer the questions below in English

Ciao, sono Carlo. Quest'estate andremo in vacanza in Sicilia, nel sud Italia. Le mie vacanze cominciano il 20 giugno. Passerò due settimane lì. Andrò in macchina con il mio amico Alberto. Staremo a casa di mio cugino. Mio cugino si chiama Martino e vive in una città che si chiama Taormina, è sulla costa, a cinquanta chilometri (kilometers) da Catania. Una volta lì, faremo molte cose. Per esempio, andremo in spiaggia, prenderemo il sole, mangeremo il cibo locale e faremo un giro turistico.

7. Narrow listening: fill in the grid

a. Ciao, sono **Carolina**. Quest'estate andrò in vacanza con il mio amico nel sud della Francia. Partiremo il 20 maggio e passeremo un mese lì. Staremo a casa di un'amica. La nostra amica vive in montagna. Durante le vacanze andremo a sciare, faremo arrampicata e mangeremo e dormiremo molto.
b. Ciao, sono **Beniamino**. Quest'estate andrò in vacanza con la mia famiglia nel nord Italia. Partiremo il primo giugno e passeremo due settimane lì. Staremo in un campeggio in campagna. Durante le vacanze ci riposeremo, faremo trekking ed equitazione. Adoro i cavalli!
c. Ciao, sono **Sandra**. Quest'estate andrò in vacanza con tre amiche nel sud della Spagna. Partiremo il quindici agosto e passeremo cinque giorni lí. Staremo in un hotel caro. L'hotel è sulla costa. Durante le vacanze faremo nuoto, immersioni e prenderemo il sole.
d. Ciao, sono **Matteo**. Quest'estate andremo in vacanza con il mio migliore amico in Giappone. Partiremo il trenta settembre e passeremo una settimana lì. Staremo in un hotel economico nel centro della città. Durante le vacanze faremo un giro turistico, shopping e andremo anche in discoteca.

ANSWERS

Unit 15. My holiday plans: LISTENING

1. Listen and fill in the gaps

a. quest'estate **andrò** in vacanza a Cuba b. andrò in **aereo** c. **passeremo** una settimana lí
d. **sarà** divertente e. **starò** in un hotel di lusso f. **ballerò** in discoteca g. **faremo** shopping
h. **mi piacerebbe** fare immersioni i. ci piacerebbe **fare sport**

2. Spot the differences and correct your text

a. quest' **estate** andrò in vacanza in Svizzera b. passerò **due settimane** lí c. andrò con **la mia ragazza**
d. staremo in un hotel **economico** e. farò **sport** f. **mio fratello** comprerà dei **vestiti**
g. andremo in **spiaggia** h. mi piacerebbe **prendere** il sole i. mi piacerebbe **fare immersioni**
j. ci piacerebbe comprare delle **cose**

3. Multiple choice quiz

a. è svizzero b. andrà in aereo c. andrà solo
d. starà in un hotel di lusso e. passerà due settimane lí f. andrà in discoteca
g. prenderà il sole h. sarà fantastico

4. Write in the missing words

a. Quest'estate andrò **in** vacanza a Roma, **in** Italia.
b. **Andrò** in aereo. Passeremo una settimana **lí**.
c. Staremo **in** un hotel **di** lusso.
d. Andrò **in** discoteca perché **mi piacerebbe** ballare. Mia sorella **andrà** a fare shopping…
e. …e mia madre **andrà** a comprare regali.
f. Inoltre, faremo un giro turistico perché **ci piacerebbe** vedere molti monumenti **lí**.

5. Listen, spot and correct the spelling and grammar errors

a. **Questa** estate **andrò** in vacanza **in** aereo.
b. **Passerò** due **settimane** lì
c. Andrò con **tutta la mia famiglia**.
d. Staremo in **un** hotel di **lusso** con **la** piscina vicino alla **spiaggia**.
e. La mattina andremo **in** spiaggia.
f. Il pomeriggio **andremo** a fare shopping e **andremo a fare** un giro turistico.
g. Verso le otto andremo a cenare in **un ristorante** locale per mangiare dei piatti tipici.
h. La sera, io e mia sorella andremo **in** discoteca.
i. Mi piacerebbe anche imparare **un** ballo tipico. **Sarà** fantastico.

6. Listen to Carlos and answer the questions below in English

a. Where is he going on holiday? (two details) – **Sicily, in south of Italy.**
b. When does his holiday begin? – **On 20th June.**
c. How long for? – **Two weeks.**
d. How is he travelling? – **Car.**
e. Who with? – **His friend, Alberto.**
f. Who are they staying with? – **With his cousin, Martino.**
g. What is the name of the nearby town where they will stay? – **Taormina.**
h. What are they going to do there? (4 details) **– Go to the beach / Sunbathe / Eat local food / Do sightseeing.**

7. Narrow listening: fill in the grid in English

	a. Carolina	**b. Beniamino**	**c. Sandra**	**d. Matteo**
Destination	South of France	Northern Italy	South of Spain	Japan
Who with	Friend	Family	Three friends	Best friend
Departure date	20th May	1st June	15th August	30th September
How long for	1 month	2 weeks	5 days	1 week
Accommodation	A friend's house	Campsite	Expensive hotel	Cheap hotel
Location	In the mountains	Countryside	Coast	Centre of the city
Activities	1. Skiing 2. Climbing 3. Eating and sleeping	1. Resting 2. Hiking 3. Horse riding	1. Swimming 2. Diving 3. Sunbathing	1. Sightseeing 2. Shopping 3. Clubbing

Unit 15. My holiday plans: VOCABULARY BUILDING

1. Match up

1. **andrò** – I'm going to go (c) 2. **mangerò** – I will eat (a) 3. **starò** – I'm going to stay (e) 4. **un hotel economico** – a cheap hotel (g) 5. **un campeggio** – a campsite (b) 6. **mi piacerebbe** – I would like to (h) 7. **riposare** – to rest (f) 8. **sarà divertente** – It will be fun (d)

2. Complete with the missing word

a. mangiare e **dormire** b. **mi riposerò** tanto c. mi **piacerebbe** andare a… d. **voglio suonare** l'ukulele
e. prenderò **il sole** f. **sarà** noioso g. passeremo **due settimane** in Italia h. viaggerò in **aereo**
i. alloggeremo in un hotel **di lusso**

3. Translate into English

a. this summer I'm going to go to Greece b. I will travel by boat c. I'm going to go to Cuba by plane
d. I am going to go shopping e. I would like to go sightseeing f. I'm going to rest every day
g. we would like to eat and sleep h. sometimes I will go diving i. we're going to go on holiday to Spain

4. Complete with the missing words

a. m**angiare** e dormire b. **staremo** in un campeggio c. **andrò** in macchina d. **passerò** una settimana
e. mi **piacerebbe** andare f. andare in **spiaggia** g. fare un giro **turistico** h. **prendere** il sole
i. non vedo l'**ora**

5. Broken words

a. Andrò b. Andre**mo** c. Vacan**za** d. Camp**eggio** e. Immers**ione** f. In a**ereo** g. **In** n**ave** h. Ball**are** i. Mang**iare** j. Ripos**are**

6. Bad translation – spot any translation errors and fix them

a. next ~~summer~~ **year** I will go
b. I am going to go to Cuba by ~~boat~~ **plane**
c. I am going to ~~drink~~ **eat** and sleep
d. I would like to rest a ~~bit~~ **lot**
e. ~~I am~~ **We are** going to stay in a hotel
f. I am going to spend ~~one~~ **two** ~~week~~ **weeks** ~~here~~ there
g. ~~I am~~ **We are** going to travel by ~~train~~ **coach**
h. ee **will** stay in my family's house

Unit 15. My holiday plans: READING (Part 1)

1. Find the Italian for the following in Hugo's text

a. sono di b. ma vivo a c. viaggerò in d. con il mio ragazzo e. quattro settimane f. andremo g. a mio parere h. preferisco prendere il sole

2. Find the Italian for the following in Diana's text

a. il prossimo anno b. in macchina c. ho molto tempo d. non mi piace fare compere e. in una casa di famiglia f. di mattina g. secondo me h. andare a cena fuori

3. Complete the following statements about Deryk

a. He is from **Canada** b. there are **four** people in his family c. They will travel to **England** and **Quebec**
d. Deryk is going to **rest** and **read a book** e. he thinks that is going to **go skiing** with his friends
f. "Poutine" is made up of **fries** and **cheese**

4. List any 8 details about Dino (in 3rd person) in English

1. His name is Dino. 2. He is Italian. 3. In two weeks he is going to go to Switzerland. 4. He is going to go by plane. 5. He is going to spend fifteen days there. 6. He is going to go on his own. 7. He is going to visit museums. 8. He is going to stay in a campervan.

5. Find someone who...

a. Deryk b. Dino c. Hugo d. All e. Hugo and Diana

Unit 15. My holiday plans: READING (Part 2)

1. Answer the following questions about Berta

a. She is from Germany b. Her turtle is big and funny.
c. She will go on holiday with her family. They are going to travel by plane and car.
d. They will stay in a luxury hotel. e. They are going to visit monuments in Verona.
f. It is an ancient Roman amphitheatre. g. She will eat a lot of delicious food and ice cream.
h. She would like to buy Italian brand clothes.

2. Find the Italian in Catrina's text

a. quest'estate b. per dieci giorni c. la costa
d. lunghe passeggiate e. famosa per f. ho un'amica
g. fare immersioni h. prenderò il sole i. non vedo l'ora

3. Find the Italian for the following phrases/sentences in Oliver's text

a. il prossimo anno b. famosa per i suoi museo c. antica corsa di cavalli (palio) d. sarà emozionante e. infine f. qualche giorno in campagna g. con piscina h. cibi locali

4. Find someone who...

a. Catrina b. Berta c. Berta d. Oliver e. Catrina f. Oliver g. Catrina h. Berta

Unit 15. My holiday plans: TRANSLATION/WRITING

1. Gapped translation

a. andrò in **vacanza.** b. viaggerò in **macchina.** c. **staremo** una settimana **lì.** d. starò in un hotel **economico.** e. mangeremo e **dormiremo** tutti i giorni. f. quando farà bel tempo **io andrò** in spiaggia. g. farò delle **compere.**

2. Translate to English

a. to eat b. to buy c. to rest d. to go sightseeing e. to go to the beach f. every day g. by plane h. to go diving i. to go out into town j. to go shopping

3. Spot and correct the grammar and spelling mistakes [note: in several cases a word is missing]

a. far**ò** i**m**mersioni b. passerò una se**t**timana l**ì** c. starò in **un** hotel **di** lusso d. staremo in un hotel **in** centro e. mi piacerebbe far**e** delle compere f. viaggerò **in** aereo e **in** mac**c**hina g. andrò **in** vacanza per due settiman**e** h. suonerò l'ukulele e sar**à** div**e**rtent**e** i. manger**ò** cibi delizios**i**

4. Categories: Positive or Negative? Write P or N

a. sarà divertente: **P** b. sarà noioso: **N** c. sarà piacevole: **P** d. sarà rilassante: **P** e. sarà interessante: **P** f. sarà terribile: **N** g. sarà spettacolare: **P** h. sarà faticoso: **N** i. sarà affascinante: **P** j. sarà impressionante: **P**

5. Translate into Italian

a. mi riposerò b. farò immersioni c. andremo in spiaggia d. prenderò il sole e. mi piacerebbe fare un giro turistico f. starò a/in… g. un hotel economico h. passeremo due settimane i. andrò in aereo j. sarà divertente

TERM 3 - BRINGING IT ALL TOGETHER - 15

1. True (T), False (F) or Not Mentioned (NM)?

today, Barri is quite sad	F
he doesn't get on well with his mother	F
Barri has a girlfriend	NM
he has breakfast in the dining room	F
for breakfast he has toast with honey	F
he loves vegetables	T
he doesn't eat fish	NM
he likes Indian food but has it rarely	F
he likes strawberries a lot	T
he can't stand his school	F
he enjoys singing	T
he is going on holiday to Southern Italy	F
in Riccione he'll stay in a luxury hotel	T
he will go shopping every day	T

2. Find the Italian equivalent for the following phrases/sentences in the text

a. sono molto felice b. andrò in vacanza c. vado d'accordo d. però e. un po' f. mi sgrida g. mi sveglio h. adoro la verdura i. non mangio la carne j. spiegano le cose k. mi piace cantare l. vado m. staremo n. faremo shopping o. comprerò

3. Read paragraphs 1 to 3 and complete the following statements correctly

a. Federica lives in a **small** town. b. Federica's dad cycles **every day.**
c. There is a mountain near **where she lives.** d. Her grandparents are called **Gabriele** and **Alessia.**
e. Her **older** sister is called Francesca. f. Francesca likes **painting** and **singing.**
g. Federica's friends say she is **funnier** than Francesca.

4. Correct the 14 mistakes in the following translation of paragraphs 4 and 5

What do I like to eat? I **love** vegetables, such as **lettuce**, tomatoes and **cucumbers** because they are rich in vitamins and minerals. My favourite is **Chinese** food. I eat it twice a **week**. I like fruit a lot, **especially watermelon**. I hate meat. I **like** my school because the **teachers** are very kind and **funny**. They **always** help me when I have a problem. My favourite subject is music. My music teacher plays the **drums** and the piano **very** well, but his **main** instrument is the violin. He plays in the Roma and Lazio orchestra. In the future I would like to be a **professional musician** like him.

5. Answer the questions below in Italian as if you were Federica

a. Sulla costa del Lazio. b. Ciclismo. c. Dipingere e cantare. d. Creativa e talentuosa. e. Il cibo cinese. f. La odio. g. Molto gentili e divertenti. h. Mi piacerebbe essere musicista professionista. i. Le vacanze estive! j. Ad Atene, in Grecia. k. In aereo ed in treno. l. In una casa típica. m. Piatti locali.

TERM 3 – BRINGING IT ALL TOGETHER – QUESTION SKILLS

TRANSCRIPTS

1. Fill in the missing question words – Daily life

a. **A che ora** ti svegli? b. **Che cosa fai** la mattina? c. **Che cosa mangi a colazione** normalmente?
d. **A che ora** esci di casa? e. **Come** vai a scuola? f. **Che programmi hai** per il fine settimana prossimo?
g. **Dove** ti piacerebbe andare? h. **Con chi** andrai? i. **Che cos'altro** ti piacerebbe fare?

2. Sentence Puzzle – Food: listen and re-arrange the sentences

a. Che cosa mangi a colazione? b. Quale cibo ti piace? Perché? c. Ti piace il pesce?
d. Qual è il tuo cibo preferito? e. Quale cibo odi? f. Preferisci la carne o la verdura?
g. Qual è la tua frutta preferita?

3. Tangled translation – Holidays: into Italian

a. **Dove** andrai in **vacanza** quest' **estate**? b. Come **andrai**? **Perché**?
c. Quanto **tempo** passerai **lí**? d. Dove **starai**? e. **Che cosa** ti piacerebbe **fare** lí?

4. Translate, then listen and check

a. Dove?
b. Come?
c. Quando?
d. A che ora?
e. Che cosa fai?
f. Con chi?
g. Ti piace ...?
h. Quanto tempo?

5. Listen and write in the missing information to the questions: Daily life

a. A **che** ora ti svegli? *Mi **sveglio** verso le **sei** di **mattina.***
b. Che cosa **fai** la mattina? *La mattina, quasi sempre **faccio colazione** con mia **madre** in **cucina.***
c. Che cosa **mangi**? *Normalmente **bevo** un succo d' **arancia** e mangio **pane** tostato con **miele.***
d. A che **ora** esci di **casa**? ***Esco** di casa alle **sette** e un **quarto.***
e. **Come** vai a **scuola**? *Vado a **scuola** a **piedi** con il mio migliore **amico.***
f. **Quali** programmi **hai** per il fine **settimana** prossimo?
*Questo **fine** settimana vado **a passeggio** con il mio **cane** al parco e dopo vado a **guardare** un **film.***
g. **Dove** ti **piacerebbe** andare? *Se c'è **bel** tempo mi **piacerebbe** andare in **piscina.***
h. **Con chi** andrai? *Andrò **con** i miei **genitori** perché mi **piace** passare **tempo** con loro.*

6. Listen and write in the missing information to the questions: Food & Holidays

a. **Quale** cibo ti **piace**? **Perché**? *Mi **piace** molto il cibo **piccante** perché è **delizioso.***
b. Ti **piace** il **pesce**? ***Adoro** il **pesce**, ma mi **piacciono** di più i **frutti** di **mare.***
c. **Qual** è il tuo cibo **preferito**? *Il mio **cibo** preferito è la **pasta.***
d. **Quale cibo** odi? **Perché**? ***Odio** i **pomodori**. Sono **disgustosi**.*
e. **Dove** andrai in **vacanza** quest' **estate**? *Quest' **estate** andrò in **vacanza** in **Italia.***
f. **Come** andrai? *Prima **andrò** in **aereo** e poi in **macchina.***
g. **Quanto tempo** starai **lí**? *Starò lì **due** settimane.*
h. **Dove starai**? ***Starò** in un **hotel** in **montagna.***
i. **Che cosa** ti piacerebbe **fare** lí? *Mi **piacerebbe** fare **trekking** e **arrampicata** perché mi **piacciono** gli sport all' **aria** aperta.*

ANSWERS

1. Fill in the missing question words - Daily life

a. **A che ora** ti svegli? b. **Che cosa fai** la mattina? c. **Che cosa mangi a colazione** normalmente?
d. **A che ora** esci di casa? e. **Come** vai a scuola? f. **Che programmi hai** per il fine settimana prossimo?
g. **Dove** ti piacerebbe andare? h. **Con chi** andrai? i. **Che cos'altro** ti piacerebbe fare?

2. Sentence Puzzle - Food: listen and re-arrange the sentences

a. Che cosa mangi a colazione? b. Quale cibo ti piace? Perché c. Ti piace il pesce?
d. Qual è il tuo cibo preferito? e. Quale cibo odi? f. Preferisci la carne o la verdura?
g. Qual è la tua frutta preferita?

3. Tangled translation - Holidays: into Italian

a. **Dove** andrai in **vacanza** quest' **estate**? b. Come **andrai**? **Perché**?
c. Quanto **tempo** passerai **lí**? d. Dove **starai**? e. **Che cosa** ti piacerebbe **fare** lí?

4. Translate, then listen and check

a. Dove?
b. Come?
c. Quando?
d. A che ora?
e. Che cosa fai?
f. Con chi?
g. Ti piace ...?
h. Quanto tempo?

5. Listen and write in the missing information to the questions: Daily life

a. A **che** ora ti svegli? *Mi **sveglio** verso le **sei** di **mattina.***
b. Che cosa **fai** la mattina? *La mattina, quasi sempre **faccio colazione** con mia **madre** in **cucina.***
c. Che cosa **mangi**? *Normalmente **bevo** un succo d' **arancia** e mangio **pane** tostato con **miele.***
d. A che **ora** esci di **casa**? ***Esco** di casa alle **sette** e un **quarto***
e. **Come** vai a **scuola**? *Vado a **scuola** a **piedi** con il mio migliore **amico.***
f. **Quali** programmi **hai** per il fine **settimana** prossimo?
*Questo **fine** settimana vado **a passeggio** con il mio **cane** al parco e dopo vado a **guardare** un **film***
g. **Dove** ti **piacerebbe** andare? *Se c'è **bel** tempo mi **piacerebbe** andare in **piscina.***
h. **Con chi** andrai? *Andrò **con** i miei **genitori** perché mi **piace** passare **tempo** con loro.*

6. Listen and write in the missing information to the questions: Food & Holidays

a. **Quale** cibo ti **piace**? **Perché**? *Mi **piace** molto il cibo **piccante** perché è **delizioso.***
b. Ti **piace** il **pesce**? ***Adoro** il **pesce**, ma mi **piacciono** di più i **frutti** di **mare.***
c. **Qual** è il tuo cibo **preferito**? *Il mio **cibo** preferito è la **pasta.***
d. **Quale cibo** odi? **Perché**? ***Odio** i **pomodori**. Sono **disgustosi**.*
e. **Dove** andrai in **vacanza** quest' **estate**? *Quest' **estate** andrò in **vacanza** in **Italia.***
f. **Come** andrai? *Prima **andrò** in **aereo** e poi in **macchina.***
g. **Quanto tempo** starai **lí**? *Starò lì **due** settimane*
h. **Dove starai**? ***Starò** in un **hotel** in **montagna.***
i. **Che cosa** ti piacerebbe **fare** lí? *Mi **piacerebbe** fare **trekking** e **arrampicata** perché mi **piacciono** gli sport all' **aria** aperta.*

TERM 3 - BRINGING IT ALL TOGETHER – QUESTION SKILLS

7. Fill in the grid with your personal information

Student's own answers

8. Survey one of your classmates using the same questions as above– write down the main information you hear in Italian

Students' own answers

www.ingramcontent.com/pod-product-compliance
Lightning Source LLC
LaVergne TN
LVHW060823170826
845678LV00010B/1885

* 9 7 8 3 9 1 1 3 8 6 2 2 7 *